7,000 Multiplication Problems Practice Workbook

Improve Your Math Fluency Series

Chris McMullen, Ph.D.

7,000 Multiplication Problems Practice Workbook
Improve Your Math Fluency Series

Copyright © 2009, 2015 Chris McMullen, Ph.D.

CreateSpace

Nonfiction / Education / Elementary School
Professional & Technical / Education / Specific Skills / Mathematics
Children's / Science / Mathematics

ISBN: 1448613132

EAN-13: 9781448613137

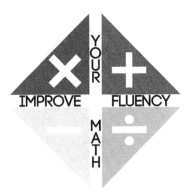

www.improveyourmathfluency.com

Contents

Multiplication Table

	1	2	3	4	5	6	7	8	9	10
1	1	2	3	4	5	6	7	8	9	10
2	2	4	6	8	10	12	14	16	18	20
3	3	6	9	12	15	18	21	24	27	30
4	4	8	12	16	20	24	28	32	36	40
5	5	10	15	20	25	30	35	40	45	50
6	6	12	18	24	30	36	42	48	54	60
7	7	14	21	28	35	42	49	56	63	70
8	8	16	24	32	40	48	56	64	72	80
9	9	18	27	36	45	54	63	72	81	90
10	10	20	30	40	50	60	70	80	90	100

Making the Most of this Workbook

- Mathematics is a language. You can't hold a decent conversation in any language if you have a limited vocabulary or if you are not fluent. In order to become successful in mathematics, you need to practice until you have mastered the fundamentals and developed fluency in the subject. This *7,000 Multiplication Problems Practice Workbook* will help you improve your multiplication skills.

- You may need to consult the multiplication table on Page 4 occasionally as you begin your practice, but should refrain from relying on it. Force yourself to solve the problems independently as much as possible. It is necessary to memorize the basic multiplication facts and know them quickly in order to become successful at arithmetic.

- Use Part 1 of this book to improve your proficiency with single-digit multiplication facts. Fluency with these fundamentals is critical to mastering arithmetic.

- Part 2 of this book is limited to multiplying single-digit numbers with multi-digit numbers. This way you are not challenged with too much at once.

- Concentrate on double-digit multiplication in Part 3.

- Part 4 of this book includes a variety of multi-digit multiplication problems. You are ready to move onto Part 4 when you can complete the practice Pages of Parts 2 and 3 quickly with few mistakes. Part 4 will help you develop proficiency in multiplication.

- After you complete a Page, check your answers with a calculator. Practice makes permanent, but not necessarily perfect: If you practice making mistakes, you will learn your mistakes. Check your answers and learn from your mistakes such that you practice solving the problems correctly. This way your practice will make perfect.

- Math can be fun. Make a game of your practice by recording your times and trying to improve on your times, and recording your scores and trying to improve on your scores. Doing this will help you see how much you are improving, and this sign of improvement can give you the confidence to succeed in math, which can help you learn to enjoy this subject more.

Part 1: Practice Single-Digit Multiplication Facts

0×3	9×4	0×8	4×0	2×0	4×0	1×9	8×4	9×0
0	36	0	0	0	0	9	32	9
3×7	0×1	2×8	0×0	8×0	3×6	3×3	4×6	7×6
21	0	16	0	0	18	9	24	42
9×3	3×9	4×9	7×7	7×7	4×0	8×9	5×4	6×9
27	27	36	49	49	0	72	20	54
8×5	9×7	7×4	4×3	4×8	0×8	3×1	8×3	3×7
40	63	28	12	32	0	3	24	21
0×1	4×5	3×0	9×5	4×1	2×9	4×3	8×2	7×0
0	20	0	45	4	18	12	16	0
2×2	5×9	3×9	2×5	0×0	3×3	3×7	9×2	2×1
4	43	27	10	0	9	21	18	2
9×2	7×1	3×1	9×8	0×6	6×8	3×7	5×4	9×1
18	7	3	72	0	48	21	20	9
7×7	0×1	2×0	1×3	6×6	8×7	3×6	8×8	1×0
49	0	0	3	36	56	18	64	0
3×5	7×7	1×0	2×7	5×8	0×2	8×6	2×5	8×7
13	49	0	14	40	0	48	10	56

Time: _____   Score: _____

4 ×6	7 ×8	7 ×8	6 ×3	2 ×5	9 ×3	9 ×9	5 ×2	2 ×7
7 ×1	6 ×4	8 ×9	3 ×6	0 ×6	0 ×0	2 ×1	0 ×3	7 ×0
4 ×8	2 ×1	3 ×2	6 ×4	4 ×5	7 ×2	8 ×8	8 ×4	0 ×1
3 ×3	6 ×9	7 ×9	9 ×9	9 ×2	1 ×6	7 ×6	2 ×8	8 ×3
1 ×4	0 ×9	1 ×6	3 ×6	1 ×4	8 ×9	5 ×8	8 ×5	3 ×4
1 ×2	9 ×2	8 ×8	7 ×9	6 ×9	1 ×5	2 ×3	2 ×0	1 ×1
1 ×7	7 ×9	9 ×6	9 ×6	6 ×7	8 ×8	7 ×2	9 ×2	9 ×0
5 ×9	7 ×0	7 ×7	4 ×8	0 ×0	9 ×2	0 ×5	1 ×3	3 ×0
0 ×7	9 ×0	5 ×5	0 ×7	4 ×5	3 ×0	3 ×3	8 ×5	2 ×3

Time: _____   Score: _____

3 ×8	5 ×8	4 ×0	5 ×5	3 ×3	4 ×6	2 ×6	2 ×0	3 ×6
2 ×8	7 ×2	5 ×8	2 ×4	9 ×9	9 ×9	9 ×2	4 ×7	6 ×8
2 ×7	5 ×3	9 ×2	6 ×4	3 ×8	8 ×9	8 ×4	5 ×6	0 ×0
8 ×8	5 ×7	3 ×0	0 ×2	7 ×5	8 ×7	1 ×2	9 ×2	0 ×6
7 ×8	6 ×2	6 ×9	7 ×8	1 ×7	2 ×3	7 ×2	8 ×9	8 ×4
7 ×7	7 ×3	3 ×4	3 ×4	7 ×3	1 ×1	6 ×5	7 ×4	2 ×2
8 ×1	0 ×8	2 ×2	3 ×6	6 ×2	2 ×8	5 ×7	1 ×9	6 ×3
9 ×4	4 ×0	6 ×8	6 ×6	7 ×6	7 ×9	1 ×5	3 ×9	0 ×0
6 ×9	1 ×4	1 ×5	6 ×5	9 ×4	1 ×8	2 ×1	4 ×7	0 ×1

Time: _____   Score: _____

6 ×0	0 ×9	9 ×6	3 ×4	5 ×9	8 ×2	5 ×3	6 ×1	8 ×5
5 ×2	9 ×0	7 ×2	9 ×5	7 ×9	2 ×3	6 ×3	2 ×9	6 ×9
4 ×9	2 ×1	2 ×1	8 ×5	7 ×1	7 ×6	7 ×5	5 ×4	6 ×2
2 ×6	6 ×6	4 ×1	0 ×9	3 ×2	0 ×8	3 ×3	9 ×2	5 ×6
8 ×0	2 ×2	6 ×6	5 ×5	0 ×2	7 ×0	7 ×0	1 ×0	1 ×0
0 ×5	4 ×6	3 ×6	0 ×1	0 ×7	8 ×9	0 ×1	1 ×6	0 ×0
4 ×8	7 ×3	0 ×5	5 ×5	7 ×8	1 ×0	1 ×6	3 ×2	8 ×3
2 ×1	0 ×7	3 ×9	7 ×1	8 ×1	1 ×8	3 ×4	6 ×6	9 ×3
6 ×9	9 ×8	4 ×7	2 ×1	0 ×1	7 ×5	3 ×5	2 ×0	5 ×8

Time: _____   Score: _____

7 ×5	0 ×8	3 ×6	2 ×1	7 ×6	9 ×5	7 ×7	3 ×1	8 ×8
9 ×8	4 ×1	9 ×2	6 ×7	0 ×6	3 ×4	1 ×2	7 ×2	4 ×8
1 ×2	0 ×8	3 ×0	2 ×9	5 ×6	0 ×3	2 ×8	6 ×3	5 ×3
4 ×2	2 ×4	6 ×1	3 ×4	8 ×4	7 ×2	4 ×7	1 ×9	5 ×7
3 ×4	8 ×0	0 ×4	9 ×1	4 ×4	7 ×8	8 ×6	7 ×8	8 ×4
0 ×6	1 ×5	3 ×0	2 ×7	7 ×7	7 ×7	5 ×6	1 ×5	0 ×2
5 ×9	5 ×2	9 ×0	4 ×9	4 ×1	4 ×9	0 ×9	9 ×0	3 ×2
5 ×6	5 ×7	0 ×5	3 ×9	0 ×6	4 ×9	5 ×5	3 ×6	3 ×2
4 ×7	1 ×6	4 ×8	6 ×3	6 ×5	0 ×1	1 ×1	3 ×1	3 ×7

Time: _____   Score: _____

4 ×5	5 ×0	8 ×5	4 ×8	1 ×8	2 ×1	8 ×7	7 ×7	1 ×8
5 ×7	6 ×0	3 ×1	7 ×9	7 ×2	9 ×5	3 ×9	5 ×3	4 ×7
3 ×4	9 ×2	5 ×4	7 ×0	0 ×2	2 ×6	3 ×8	1 ×0	0 ×0
2 ×7	6 ×2	9 ×8	4 ×0	3 ×0	3 ×3	9 ×5	0 ×4	8 ×0
3 ×3	5 ×6	9 ×4	6 ×1	5 ×6	9 ×4	3 ×1	3 ×4	2 ×9
5 ×8	6 ×3	5 ×7	2 ×6	9 ×1	9 ×8	6 ×5	1 ×3	3 ×4
6 ×0	3 ×1	9 ×0	0 ×3	9 ×3	6 ×1	0 ×7	5 ×9	8 ×5
8 ×1	0 ×4	2 ×4	3 ×7	5 ×3	2 ×9	7 ×4	9 ×7	4 ×1
0 ×2	3 ×8	1 ×3	1 ×3	9 ×3	2 ×4	6 ×8	1 ×2	2 ×9

Time: _____   Score: _____

9 ×2	0 ×2	0 ×1	8 ×3	7 ×1	3 ×1	9 ×0	3 ×8	9 ×9
3 ×9	5 ×1	6 ×6	4 ×5	7 ×4	5 ×2	5 ×4	0 ×0	7 ×7
2 ×0	1 ×2	6 ×0	0 ×1	0 ×5	9 ×3	6 ×7	7 ×6	8 ×9
7 ×1	1 ×3	1 ×7	7 ×5	0 ×9	1 ×2	3 ×0	7 ×9	0 ×6
4 ×6	5 ×0	6 ×0	0 ×9	7 ×0	6 ×8	2 ×2	5 ×1	2 ×1
8 ×9	0 ×6	7 ×5	5 ×8	3 ×0	5 ×1	3 ×1	7 ×9	6 ×3
7 ×8	7 ×7	4 ×9	5 ×1	6 ×7	8 ×9	3 ×1	4 ×9	2 ×7
3 ×8	8 ×8	5 ×7	6 ×3	4 ×0	3 ×0	5 ×5	0 ×0	0 ×6
2 ×2	1 ×4	6 ×2	9 ×2	8 ×9	2 ×8	3 ×6	4 ×2	0 ×9

Time: _____   Score: _____

3 ×3	0 ×4	9 ×5	3 ×4	8 ×8	8 ×2	2 ×4	4 ×5	5 ×4
4 ×3	5 ×8	3 ×0	9 ×3	7 ×9	5 ×0	2 ×3	2 ×5	4 ×9
5 ×1	9 ×7	0 ×2	3 ×5	3 ×4	3 ×3	1 ×5	4 ×2	8 ×6
8 ×0	7 ×6	2 ×2	3 ×4	7 ×9	6 ×3	4 ×4	6 ×2	5 ×5
7 ×9	9 ×3	0 ×5	1 ×7	9 ×9	8 ×8	8 ×6	7 ×4	8 ×8
0 ×1	6 ×0	7 ×9	8 ×9	5 ×4	0 ×0	7 ×5	2 ×0	0 ×3
0 ×7	5 ×6	6 ×1	4 ×0	4 ×5	4 ×5	6 ×7	5 ×5	9 ×8
6 ×3	8 ×8	1 ×4	6 ×8	9 ×9	7 ×1	4 ×6	6 ×2	4 ×3
0 ×8	7 ×2	0 ×1	8 ×9	2 ×4	2 ×5	0 ×1	2 ×1	4 ×1

Time: _____   Score: _____

3 ×9	4 ×6	1 ×7	5 ×1	1 ×1	5 ×0	0 ×1	9 ×5	6 ×8
2 ×4	3 ×2	8 ×8	3 ×1	8 ×1	6 ×1	4 ×2	6 ×3	0 ×2
8 ×9	0 ×2	6 ×6	6 ×9	1 ×4	2 ×8	9 ×5	9 ×2	3 ×6
7 ×6	5 ×1	5 ×3	5 ×7	4 ×1	6 ×0	2 ×4	6 ×1	2 ×2
3 ×5	7 ×3	1 ×2	9 ×7	3 ×1	9 ×8	4 ×3	5 ×4	5 ×6
6 ×0	9 ×4	2 ×0	9 ×8	3 ×3	9 ×9	1 ×7	3 ×6	6 ×7
3 ×0	3 ×2	0 ×7	3 ×8	2 ×3	2 ×6	7 ×8	1 ×9	6 ×6
9 ×5	7 ×0	1 ×8	8 ×6	6 ×4	8 ×0	8 ×8	6 ×0	5 ×3
0 ×7	8 ×7	1 ×6	4 ×6	8 ×9	8 ×6	7 ×2	4 ×0	1 ×4

Time: _____   Score: _____

3 ×7	8 ×6	7 ×8	6 ×8	4 ×7	3 ×0	6 ×1	6 ×5	9 ×4
0 ×6	2 ×5	9 ×7	6 ×0	1 ×4	7 ×5	2 ×2	8 ×7	2 ×4
4 ×7	2 ×9	8 ×4	9 ×4	7 ×2	6 ×5	3 ×5	2 ×5	2 ×6
8 ×3	6 ×4	4 ×4	3 ×8	8 ×4	5 ×8	6 ×0	4 ×5	7 ×6
3 ×6	7 ×3	5 ×3	9 ×5	7 ×8	6 ×9	0 ×0	7 ×0	6 ×1
8 ×0	7 ×6	7 ×4	8 ×6	1 ×2	5 ×9	7 ×1	9 ×4	1 ×2
9 ×9	5 ×6	1 ×9	3 ×8	5 ×2	2 ×4	8 ×4	1 ×7	0 ×0
9 ×3	0 ×4	2 ×2	3 ×8	4 ×1	2 ×6	1 ×0	9 ×0	5 ×6
6 ×6	5 ×2	2 ×1	8 ×8	4 ×6	6 ×5	5 ×4	5 ×8	3 ×9

Time: _____   Score: _____

2 ×7	2 ×0	5 ×5	6 ×5	9 ×1	1 ×8	6 ×7	4 ×7	9 ×2
6 ×1	2 ×6	9 ×1	0 ×9	0 ×0	1 ×1	4 ×9	3 ×3	3 ×2
5 ×7	3 ×4	6 ×7	0 ×4	8 ×1	2 ×6	9 ×0	2 ×3	1 ×6
5 ×0	4 ×8	3 ×0	4 ×4	0 ×4	9 ×6	7 ×9	9 ×3	8 ×7
6 ×8	9 ×4	4 ×9	4 ×9	8 ×9	3 ×8	4 ×6	3 ×6	5 ×4
3 ×3	7 ×9	8 ×9	9 ×9	4 ×3	6 ×1	9 ×6	8 ×2	5 ×3
2 ×5	6 ×6	8 ×9	2 ×7	2 ×9	2 ×1	5 ×1	5 ×0	2 ×8
0 ×4	2 ×1	2 ×2	0 ×6	3 ×3	3 ×1	2 ×4	9 ×8	7 ×3
0 ×2	7 ×0	2 ×8	0 ×9	8 ×5	5 ×2	3 ×4	8 ×4	2 ×0

Time: _____   Score: _____

4 ×2	2 ×6	2 ×2	1 ×2	0 ×1	7 ×3	1 ×1	5 ×2	6 ×4
0 ×6	1 ×7	9 ×6	3 ×9	0 ×8	8 ×0	1 ×9	7 ×3	2 ×6
4 ×4	5 ×3	8 ×2	5 ×0	5 ×3	7 ×1	1 ×7	3 ×3	7 ×8
4 ×8	3 ×5	7 ×8	3 ×6	7 ×1	9 ×3	4 ×3	7 ×9	2 ×1
3 ×9	6 ×8	8 ×9	6 ×4	6 ×8	2 ×0	1 ×0	0 ×9	6 ×2
3 ×0	2 ×2	5 ×2	8 ×7	0 ×9	4 ×8	2 ×7	1 ×4	3 ×1
2 ×6	9 ×4	7 ×1	7 ×9	5 ×9	0 ×3	3 ×3	4 ×5	7 ×9
5 ×2	0 ×0	5 ×0	6 ×3	6 ×6	5 ×7	9 ×6	2 ×8	5 ×0
9 ×1	1 ×6	8 ×1	9 ×6	4 ×0	5 ×5	3 ×2	8 ×0	6 ×0

Time: _____   Score: _____

9 ×5	0 ×9	5 ×9	0 ×8	9 ×7	9 ×5	6 ×6	3 ×0	5 ×1
4 ×3	2 ×6	8 ×5	5 ×3	2 ×1	6 ×6	8 ×7	5 ×8	0 ×3
3 ×1	6 ×4	5 ×6	1 ×2	4 ×8	7 ×7	6 ×6	4 ×9	6 ×6
2 ×1	6 ×9	1 ×7	5 ×4	3 ×9	5 ×8	2 ×3	3 ×0	1 ×2
9 ×5	7 ×1	4 ×4	1 ×8	2 ×0	8 ×3	6 ×7	8 ×6	1 ×8
3 ×2	2 ×3	2 ×4	6 ×1	6 ×9	1 ×7	8 ×5	5 ×0	2 ×2
3 ×4	5 ×4	1 ×9	8 ×2	6 ×5	3 ×7	2 ×0	3 ×6	6 ×2
9 ×8	1 ×3	1 ×8	1 ×0	2 ×1	6 ×8	6 ×5	2 ×8	3 ×7
1 ×7	6 ×8	1 ×1	1 ×1	7 ×9	2 ×2	9 ×6	2 ×3	3 ×2

Time: _____   Score: _____

5 ×7	5 ×3	7 ×8	0 ×9	4 ×1	4 ×1	4 ×5	9 ×3	6 ×5
1 ×7	4 ×6	7 ×9	5 ×9	1 ×2	0 ×7	8 ×4	5 ×2	0 ×4
1 ×4	6 ×1	0 ×5	1 ×3	3 ×6	1 ×0	7 ×9	6 ×8	8 ×7
0 ×7	0 ×2	1 ×3	8 ×6	7 ×6	6 ×4	8 ×6	4 ×6	9 ×2
7 ×0	1 ×8	8 ×6	7 ×3	0 ×0	1 ×8	0 ×6	9 ×2	1 ×7
4 ×6	7 ×5	1 ×1	2 ×4	7 ×0	4 ×7	2 ×4	2 ×3	6 ×7
7 ×1	2 ×6	3 ×3	3 ×9	5 ×4	8 ×4	4 ×8	3 ×7	7 ×5
6 ×4	7 ×7	4 ×4	7 ×6	3 ×4	7 ×9	5 ×9	0 ×7	9 ×4
3 ×2	8 ×4	6 ×4	6 ×2	0 ×4	2 ×4	2 ×2	6 ×9	9 ×6

Time: _____   Score: _____

6 ×8	1 ×6	7 ×6	6 ×8	6 ×8	9 ×7	9 ×9	2 ×0	9 ×5
2 ×4	5 ×3	6 ×4	2 ×6	7 ×5	2 ×2	4 ×2	2 ×4	8 ×8
7 ×7	1 ×7	0 ×2	4 ×0	6 ×6	5 ×7	5 ×3	6 ×9	0 ×9
1 ×3	1 ×5	6 ×5	7 ×6	7 ×4	5 ×9	4 ×0	8 ×7	2 ×6
9 ×9	3 ×5	1 ×2	3 ×2	0 ×3	4 ×9	7 ×9	4 ×6	2 ×7
8 ×2	2 ×0	1 ×3	8 ×2	1 ×2	4 ×3	5 ×5	1 ×5	1 ×8
8 ×2	2 ×6	6 ×0	8 ×1	2 ×1	8 ×5	0 ×6	6 ×3	4 ×1
4 ×0	5 ×9	9 ×2	4 ×0	3 ×6	0 ×5	6 ×8	7 ×6	7 ×0
6 ×2	5 ×6	9 ×3	5 ×2	6 ×6	3 ×5	4 ×5	4 ×7	3 ×4

Time: _____   Score: _____

5 ×8	4 ×1	6 ×7	5 ×0	2 ×6	9 ×5	9 ×6	6 ×0	4 ×8
0 ×5	5 ×7	7 ×8	8 ×2	4 ×2	3 ×4	0 ×3	8 ×3	9 ×6
3 ×6	7 ×8	5 ×9	7 ×4	4 ×2	1 ×3	8 ×2	7 ×4	9 ×1
4 ×0	6 ×3	8 ×6	3 ×7	7 ×4	8 ×0	3 ×2	3 ×1	3 ×7
3 ×3	4 ×4	9 ×6	3 ×2	9 ×1	0 ×5	8 ×3	6 ×9	1 ×5
7 ×8	5 ×5	1 ×3	4 ×8	7 ×2	8 ×3	3 ×0	8 ×9	1 ×1
7 ×4	3 ×6	8 ×6	0 ×3	4 ×8	6 ×6	5 ×9	2 ×3	9 ×8
9 ×5	3 ×1	3 ×2	3 ×1	5 ×5	7 ×4	5 ×9	3 ×5	1 ×8
3 ×3	6 ×0	2 ×0	9 ×2	6 ×7	1 ×6	5 ×4	4 ×8	3 ×3

Time: _____   Score: _____

6 ×7	5 ×4	9 ×6	6 ×3	2 ×7	1 ×6	3 ×4	2 ×6	0 ×3
1 ×9	7 ×7	4 ×9	9 ×0	1 ×7	9 ×0	7 ×6	1 ×0	2 ×7
8 ×8	4 ×3	0 ×6	2 ×2	4 ×8	7 ×1	3 ×1	4 ×0	2 ×8
2 ×8	3 ×4	4 ×7	0 ×1	0 ×8	2 ×2	9 ×9	5 ×5	7 ×2
5 ×1	6 ×8	9 ×9	3 ×9	9 ×4	2 ×1	1 ×8	5 ×7	1 ×8
2 ×2	8 ×7	2 ×1	0 ×9	1 ×1	6 ×7	6 ×2	0 ×1	6 ×6
6 ×6	9 ×5	2 ×3	3 ×8	2 ×8	7 ×4	5 ×6	8 ×6	6 ×4
6 ×9	2 ×9	3 ×9	4 ×3	1 ×3	1 ×0	6 ×2	8 ×4	7 ×0
4 ×2	5 ×8	4 ×2	3 ×2	5 ×6	6 ×8	9 ×6	3 ×2	1 ×8

Time: _____   Score: _____

4 ×2	7 ×7	9 ×1	2 ×3	7 ×2	2 ×2	7 ×6	9 ×8	7 ×9
2 ×0	6 ×0	2 ×7	1 ×5	8 ×1	5 ×4	9 ×9	5 ×6	5 ×2
6 ×5	8 ×9	9 ×7	2 ×0	7 ×4	7 ×7	3 ×5	3 ×5	6 ×7
3 ×5	7 ×5	0 ×9	0 ×8	8 ×5	2 ×6	9 ×5	1 ×1	5 ×6
0 ×1	4 ×0	6 ×9	5 ×5	3 ×0	6 ×2	2 ×4	1 ×8	0 ×8
7 ×3	5 ×9	5 ×5	5 ×3	9 ×5	5 ×1	0 ×1	1 ×4	5 ×9
1 ×5	9 ×2	7 ×5	1 ×9	0 ×4	5 ×4	8 ×2	8 ×9	0 ×8
0 ×2	5 ×9	3 ×8	6 ×6	3 ×5	1 ×8	4 ×5	3 ×8	4 ×2
3 ×8	0 ×5	6 ×9	4 ×8	8 ×8	5 ×1	8 ×1	3 ×9	7 ×9

Time: _____   Score: _____

5 ×9	6 ×0	6 ×7	5 ×4	2 ×0	0 ×5	2 ×0	5 ×3	8 ×7
1 ×9	2 ×2	8 ×3	4 ×4	7 ×7	9 ×2	7 ×6	1 ×0	0 ×7
8 ×6	3 ×6	9 ×5	9 ×0	1 ×6	3 ×8	4 ×1	9 ×8	5 ×1
5 ×1	8 ×7	0 ×6	5 ×0	9 ×7	0 ×3	7 ×9	4 ×4	3 ×6
4 ×8	4 ×9	8 ×6	0 ×3	4 ×6	5 ×6	4 ×7	6 ×5	2 ×1
5 ×2	9 ×0	7 ×7	0 ×5	8 ×5	2 ×7	8 ×2	4 ×6	0 ×2
2 ×0	6 ×2	2 ×7	4 ×2	7 ×0	1 ×7	4 ×3	6 ×8	6 ×3
4 ×1	6 ×8	1 ×8	1 ×9	3 ×9	5 ×9	3 ×6	9 ×1	5 ×8
4 ×7	3 ×8	9 ×9	4 ×4	2 ×3	4 ×9	3 ×0	7 ×8	9 ×7

Time: _____   Score: _____

5 ×3	7 ×0	4 ×6	1 ×4	7 ×2	5 ×5	5 ×6	2 ×5	0 ×0
0 ×0	1 ×6	5 ×6	5 ×1	6 ×1	9 ×6	3 ×4	9 ×3	4 ×4
2 ×2	7 ×5	1 ×8	0 ×8	1 ×4	9 ×4	5 ×8	5 ×7	0 ×0
5 ×4	8 ×8	5 ×9	1 ×4	8 ×0	3 ×8	8 ×6	1 ×1	4 ×0
7 ×0	7 ×7	5 ×4	9 ×0	8 ×7	0 ×0	5 ×9	5 ×5	5 ×4
7 ×9	5 ×6	4 ×3	0 ×7	7 ×5	9 ×1	3 ×8	7 ×4	1 ×7
6 ×8	7 ×6	2 ×9	2 ×8	1 ×9	3 ×2	2 ×6	5 ×1	6 ×5
1 ×1	2 ×9	5 ×4	7 ×7	6 ×9	6 ×7	2 ×3	6 ×2	4 ×4
4 ×7	2 ×9	8 ×9	5 ×6	2 ×3	8 ×3	8 ×7	5 ×6	8 ×3

Time: _____   Score: _____

7 ×3	8 ×8	2 ×0	7 ×4	2 ×6	2 ×9	2 ×6	6 ×2	6 ×8
5 ×1	8 ×4	0 ×2	0 ×1	9 ×9	9 ×9	2 ×5	4 ×5	0 ×0
1 ×8	8 ×7	9 ×0	0 ×4	2 ×7	1 ×3	6 ×0	0 ×1	6 ×8
4 ×7	7 ×9	7 ×6	8 ×5	6 ×8	8 ×3	0 ×8	5 ×7	5 ×7
4 ×0	7 ×8	8 ×5	2 ×9	1 ×6	7 ×3	4 ×0	2 ×5	7 ×5
3 ×6	3 ×7	6 ×5	3 ×9	6 ×7	7 ×9	0 ×6	5 ×4	8 ×8
4 ×4	2 ×3	0 ×0	2 ×4	5 ×2	0 ×0	7 ×8	3 ×2	1 ×3
0 ×0	2 ×2	7 ×3	3 ×0	3 ×2	6 ×5	0 ×1	5 ×5	3 ×3
0 ×6	7 ×0	6 ×0	2 ×8	1 ×6	6 ×6	4 ×9	4 ×7	7 ×4

Time: _____   Score: _____

5 ×0	2 ×8	8 ×9	5 ×2	3 ×4	4 ×0	7 ×0	5 ×1	4 ×8
8 ×9	3 ×5	9 ×7	3 ×6	3 ×4	8 ×5	7 ×5	7 ×9	2 ×2
8 ×6	8 ×4	9 ×4	9 ×9	2 ×1	1 ×7	8 ×2	3 ×9	1 ×8
8 ×8	5 ×6	2 ×0	3 ×0	6 ×8	0 ×8	3 ×1	7 ×9	9 ×2
0 ×8	9 ×9	8 ×2	4 ×3	0 ×6	8 ×3	3 ×9	9 ×6	9 ×4
8 ×0	9 ×7	4 ×4	6 ×4	1 ×2	2 ×1	4 ×4	5 ×5	6 ×3
8 ×0	2 ×9	5 ×4	9 ×5	0 ×1	5 ×3	4 ×4	2 ×8	9 ×7
3 ×8	0 ×2	2 ×7	4 ×6	6 ×4	5 ×1	7 ×2	9 ×8	6 ×3
7 ×3	0 ×0	5 ×9	7 ×9	0 ×4	2 ×5	0 ×9	3 ×6	3 ×8

Time: _____   Score: _____

6 ×4	1 ×1	6 ×0	8 ×1	4 ×3	1 ×4	4 ×0	6 ×0	3 ×9
0 ×3	6 ×7	5 ×1	7 ×6	3 ×3	0 ×7	1 ×2	4 ×1	5 ×5
7 ×8	7 ×8	2 ×6	5 ×2	4 ×1	8 ×0	7 ×5	8 ×3	5 ×7
1 ×6	1 ×0	4 ×5	3 ×5	0 ×7	0 ×6	0 ×3	9 ×1	9 ×5
1 ×2	4 ×7	3 ×1	4 ×6	0 ×5	6 ×7	2 ×9	3 ×6	0 ×2
7 ×1	1 ×9	9 ×2	6 ×6	8 ×2	4 ×0	4 ×3	6 ×7	6 ×2
2 ×0	9 ×6	4 ×5	9 ×7	0 ×9	0 ×9	3 ×8	1 ×3	3 ×9
9 ×9	0 ×1	9 ×6	5 ×5	2 ×4	2 ×1	8 ×0	7 ×4	5 ×6
3 ×9	5 ×4	9 ×6	0 ×0	7 ×2	3 ×6	6 ×7	2 ×2	1 ×3

Time: _____   Score: _____

9 ×0	7 ×2	2 ×7	4 ×9	6 ×3	4 ×4	4 ×8	2 ×6	7 ×4
6 ×3	9 ×0	7 ×3	5 ×9	4 ×7	9 ×7	2 ×9	2 ×8	6 ×6
2 ×1	6 ×5	8 ×0	5 ×6	4 ×4	6 ×1	0 ×7	1 ×3	1 ×4
0 ×7	9 ×6	7 ×4	0 ×0	5 ×3	9 ×0	9 ×2	9 ×6	1 ×5
5 ×5	8 ×4	2 ×7	5 ×9	0 ×3	6 ×5	8 ×2	6 ×6	1 ×1
0 ×5	5 ×1	2 ×0	8 ×7	3 ×3	2 ×0	7 ×8	1 ×9	8 ×1
7 ×6	5 ×2	3 ×5	5 ×7	2 ×3	8 ×2	1 ×0	0 ×6	6 ×4
7 ×0	9 ×6	2 ×6	1 ×2	3 ×7	7 ×0	6 ×5	0 ×4	7 ×5
1 ×6	1 ×8	6 ×2	5 ×9	0 ×7	1 ×2	2 ×7	1 ×1	4 ×6

Time: _____   Score: _____

2 ×7	3 ×0	9 ×9	8 ×3	4 ×5	1 ×9	1 ×1	5 ×4	8 ×1
0 ×0	6 ×4	1 ×2	0 ×1	9 ×6	2 ×7	5 ×1	6 ×6	0 ×3
5 ×5	8 ×6	2 ×6	9 ×0	6 ×6	1 ×0	7 ×0	5 ×2	0 ×8
6 ×4	5 ×8	1 ×8	2 ×7	6 ×0	7 ×4	5 ×3	5 ×3	9 ×3
8 ×3	0 ×6	8 ×4	8 ×9	8 ×7	0 ×7	7 ×6	9 ×9	1 ×6
9 ×4	5 ×9	9 ×9	4 ×5	5 ×0	9 ×7	3 ×7	3 ×5	4 ×3
3 ×4	5 ×6	4 ×1	0 ×2	0 ×6	2 ×3	2 ×0	2 ×7	9 ×3
0 ×6	5 ×0	5 ×2	9 ×1	7 ×4	1 ×7	2 ×2	7 ×2	6 ×4
1 ×3	6 ×2	1 ×3	0 ×3	0 ×9	5 ×8	0 ×5	7 ×0	2 ×8

Part 2: Practice Single-Digit Times Multi-Digit Numbers

459 × 9	135 × 8	108 × 3	478 × 2	979 × 8	997 × 2	782 × 2	341 × 8
102 × 8	387 × 6	408 × 5	786 × 7	400 × 4	514 × 9	770 × 8	505 × 2
940 × 6	678 × 9	625 × 9	809 × 5	416 × 5	148 × 8	262 × 8	430 × 8
266 × 5	378 × 2	555 × 5	326 × 9	426 × 8	746 × 2	358 × 6	441 × 9
626 × 2	458 × 4	757 × 9	325 × 3	288 × 8	445 × 3	874 × 2	684 × 8
807 × 6	978 × 2	778 × 2	311 × 2	370 × 6	878 × 7	729 × 8	276 × 2
602 × 7	195 × 2	792 × 6	108 × 3	686 × 3	889 × 7	721 × 8	800 × 8
426 × 3	937 × 4	978 × 6	315 × 8	276 × 7	870 × 9	675 × 2	150 × 2
218 × 2	739 × 2	858 × 4	384 × 4	499 × 5	807 × 4	832 × 8	115 × 3

Time: _____   Score: _____

458 × 7	762 × 9	910 × 9	273 × 7	684 × 4	867 × 5	521 × 2	262 × 6
691 × 2	893 × 9	886 × 8	378 × 5	292 × 9	907 × 9	944 × 7	248 × 6
439 × 3	236 × 3	751 × 7	935 × 7	648 × 7	876 × 9	354 × 9	960 × 2
980 × 7	754 × 7	866 × 2	931 × 4	576 × 3	414 × 2	788 × 9	583 × 6
778 × 5	445 × 2	385 × 9	350 × 4	860 × 6	463 × 2	565 × 4	519 × 7
727 × 4	394 × 7	888 × 8	606 × 9	483 × 9	957 × 9	284 × 5	720 × 8
796 × 6	991 × 4	500 × 4	903 × 9	535 × 6	162 × 2	900 × 6	411 × 2
290 × 8	821 × 7	345 × 9	180 × 6	902 × 7	640 × 9	861 × 2	356 × 5
359 × 8	909 × 5	770 × 7	421 × 5	512 × 7	257 × 3	563 × 7	284 × 3

Time: _____   Score: _____

261 × 2	298 × 4	656 × 6	327 × 8	733 × 3	717 × 4	536 × 5	640 × 8
718 × 8	806 × 9	568 × 4	174 × 2	975 × 2	245 × 6	633 × 9	245 × 8
226 × 5	106 × 2	172 × 2	979 × 6	519 × 6	907 × 4	427 × 7	906 × 6
354 × 9	794 × 3	605 × 8	363 × 4	435 × 3	684 × 9	986 × 4	302 × 2
552 × 8	739 × 7	620 × 6	726 × 3	726 × 6	480 × 3	931 × 5	127 × 9
393 × 9	588 × 7	126 × 3	673 × 7	568 × 2	807 × 2	112 × 2	210 × 2
625 × 5	443 × 7	233 × 2	860 × 9	208 × 3	175 × 2	870 × 8	175 × 6
584 × 7	190 × 2	701 × 4	855 × 4	212 × 2	401 × 9	225 × 8	234 × 8
506 × 7	913 × 5	995 × 9	467 × 8	196 × 2	776 × 6	636 × 3	638 × 8

Time: ____________ Score: ____________

577 × 2	422 × 7	279 × 8	974 × 6	777 × 4	870 × 8	867 × 5	982 × 4
755 × 2	447 × 5	287 × 7	498 × 8	327 × 2	455 × 2	944 × 6	181 × 4
879 × 7	625 × 4	300 × 3	669 × 3	515 × 8	760 × 3	760 × 3	574 × 8
510 × 8	159 × 5	245 × 5	804 × 8	688 × 8	902 × 5	718 × 3	437 × 2
766 × 7	765 × 8	718 × 3	138 × 4	940 × 6	977 × 2	937 × 5	526 × 9
994 × 9	413 × 4	694 × 6	140 × 6	983 × 2	471 × 9	594 × 4	397 × 4
803 × 3	481 × 8	396 × 7	138 × 3	251 × 4	413 × 7	575 × 6	823 × 6
854 × 3	333 × 2	751 × 7	228 × 8	805 × 7	376 × 3	968 × 8	965 × 6
952 × 6	519 × 8	512 × 9	567 × 5	122 × 2	359 × 6	839 × 3	156 × 2

Time: ______________ Score: ______________

790 × 7	976 × 8	101 × 4	407 × 4	595 × 2	824 × 2	432 × 6	995 × 5
238 × 6	996 × 5	259 × 4	306 × 9	855 × 7	633 × 8	679 × 9	915 × 8
636 × 2	387 × 5	101 × 4	950 × 2	375 × 9	707 × 2	746 × 6	876 × 6
232 × 2	346 × 5	754 × 6	299 × 9	548 × 9	524 × 2	325 × 4	209 × 4
443 × 9	341 × 5	852 × 3	294 × 9	363 × 2	135 × 3	436 × 8	420 × 3
129 × 4	920 × 9	923 × 6	653 × 7	588 × 7	588 × 4	483 × 2	764 × 7
177 × 2	647 × 2	203 × 2	956 × 4	802 × 7	851 × 9	261 × 2	247 × 7
610 × 2	245 × 4	151 × 8	162 × 7	703 × 6	726 × 2	952 × 7	679 × 9
305 × 6	359 × 2	967 × 2	780 × 6	847 × 4	618 × 3	271 × 7	669 × 4

Time: _____   Score: _____

903 × 7	480 × 9	193 × 6	898 × 9	192 × 5	341 × 8	831 × 8	563 × 8
441 × 5	408 × 2	632 × 2	149 × 7	322 × 3	698 × 3	312 × 9	301 × 8
651 × 5	172 × 9	453 × 2	949 × 6	466 × 8	843 × 4	524 × 5	632 × 5
457 × 6	405 × 2	445 × 7	562 × 2	455 × 3	462 × 9	263 × 9	115 × 4
636 × 5	373 × 4	582 × 5	904 × 7	128 × 7	360 × 3	542 × 7	703 × 4
471 × 6	632 × 6	944 × 9	155 × 6	750 × 9	884 × 8	683 × 7	836 × 8
246 × 7	802 × 9	931 × 6	112 × 2	568 × 4	108 × 4	783 × 6	654 × 3
128 × 5	478 × 6	785 × 6	915 × 9	401 × 9	275 × 5	827 × 9	812 × 3
657 × 7	469 × 4	842 × 8	140 × 3	938 × 3	314 × 6	215 × 4	507 × 3

Time: _____   Score: _____

953 × 5	208 × 8	275 × 3	619 × 2	278 × 9	676 × 9	532 × 5	892 × 8
239 × 8	649 × 3	342 × 7	168 × 3	936 × 2	690 × 7	926 × 3	292 × 8
586 × 9	387 × 6	652 × 6	618 × 5	814 × 5	697 × 2	501 × 6	357 × 4
610 × 8	261 × 4	773 × 4	992 × 8	413 × 6	578 × 7	180 × 9	335 × 2
874 × 5	946 × 9	730 × 4	700 × 8	125 × 5	170 × 8	841 × 3	345 × 6
897 × 3	711 × 7	552 × 7	253 × 8	725 × 7	858 × 2	839 × 7	622 × 4
750 × 8	276 × 7	658 × 8	888 × 7	338 × 5	273 × 5	761 × 8	766 × 8
873 × 5	436 × 2	266 × 7	945 × 5	708 × 4	925 × 7	177 × 3	774 × 6
280 × 8	328 × 5	738 × 3	848 × 5	510 × 7	722 × 6	563 × 3	328 × 7

Time: _____   Score: _____

445 × 7	501 × 5	878 × 8	600 × 8	110 × 5	802 × 7	642 × 8	555 × 4
638 × 8	679 × 9	134 × 8	688 × 2	118 × 7	778 × 5	699 × 3	620 × 9
196 × 9	238 × 3	953 × 6	237 × 9	834 × 6	304 × 5	471 × 3	173 × 2
430 × 2	325 × 3	893 × 5	295 × 7	134 × 9	618 × 7	676 × 6	310 × 3
855 × 5	670 × 6	549 × 6	386 × 9	760 × 3	557 × 6	558 × 9	267 × 8
752 × 5	971 × 3	278 × 4	955 × 3	945 × 2	246 × 3	981 × 5	409 × 4
762 × 4	649 × 8	495 × 8	316 × 7	138 × 3	263 × 7	136 × 5	434 × 2
543 × 2	920 × 7	925 × 9	862 × 7	866 × 9	463 × 9	955 × 8	382 × 8
672 × 5	594 × 5	449 × 7	844 × 9	974 × 5	648 × 3	719 × 9	625 × 4

Time: _____   Score: _____

614 × 7	859 × 9	773 × 3	364 × 3	243 × 6	296 × 8	515 × 4	288 × 3
713 × 5	445 × 3	508 × 9	759 × 4	356 × 7	337 × 8	949 × 8	608 × 4
483 × 8	281 × 2	363 × 3	363 × 3	367 × 2	781 × 5	247 × 6	670 × 5
724 × 3	928 × 6	913 × 2	861 × 2	992 × 7	325 × 7	495 × 6	856 × 3
111 × 6	732 × 3	749 × 4	738 × 9	856 × 4	743 × 8	646 × 8	968 × 5
371 × 8	325 × 3	933 × 7	892 × 9	476 × 6	303 × 2	170 × 2	667 × 4
137 × 4	628 × 3	780 × 2	489 × 8	772 × 2	397 × 3	723 × 9	758 × 3
988 × 6	101 × 4	397 × 5	733 × 9	344 × 2	567 × 2	426 × 7	552 × 8
675 × 4	567 × 2	209 × 2	865 × 3	641 × 5	593 × 6	291 × 8	653 × 2

Time: ______________ Score: ______________

614 × 2	587 × 9	867 × 9	913 × 6	667 × 4	553 × 3	433 × 3	830 × 6
371 × 3	701 × 6	758 × 6	115 × 4	273 × 7	575 × 7	326 × 5	817 × 7
667 × 5	675 × 7	266 × 6	262 × 7	543 × 4	628 × 8	373 × 4	223 × 4
637 × 8	529 × 5	871 × 3	884 × 4	816 × 8	219 × 9	365 × 3	313 × 5
223 × 7	228 × 8	565 × 6	310 × 4	510 × 6	215 × 9	296 × 7	409 × 7
125 × 4	703 × 3	865 × 3	195 × 9	179 × 4	690 × 8	591 × 4	402 × 8
769 × 7	231 × 3	209 × 7	338 × 3	717 × 3	402 × 3	817 × 6	751 × 9
976 × 5	537 × 3	613 × 9	724 × 6	757 × 5	801 × 9	953 × 2	154 × 7
486 × 6	113 × 5	471 × 7	178 × 6	447 × 4	200 × 2	976 × 7	882 × 8

Time: _____ Score: _____

806 × 2	240 × 4	643 × 8	702 × 5	690 × 5	977 × 3	177 × 3	836 × 7
399 × 2	197 × 8	680 × 9	228 × 7	668 × 7	208 × 3	506 × 8	468 × 8
460 × 3	655 × 7	270 × 3	426 × 4	927 × 6	839 × 5	902 × 4	780 × 6
482 × 7	547 × 5	677 × 4	752 × 9	920 × 2	969 × 5	329 × 8	670 × 5
343 × 2	308 × 5	346 × 7	952 × 7	888 × 3	795 × 6	894 × 7	987 × 8
945 × 4	982 × 6	468 × 6	667 × 5	672 × 8	300 × 3	318 × 3	848 × 8
747 × 2	126 × 4	103 × 7	592 × 7	433 × 7	104 × 9	441 × 3	649 × 6
647 × 7	560 × 9	188 × 8	302 × 7	944 × 4	277 × 4	302 × 2	475 × 9
996 × 5	322 × 7	304 × 4	254 × 4	352 × 3	543 × 4	572 × 3	263 × 8

Time: ____________ Score: ____________

345 × 4	713 × 2	201 × 3	855 × 6	649 × 7	526 × 2	103 × 6	938 × 4
177 × 4	169 × 6	880 × 7	792 × 2	308 × 6	960 × 4	338 × 7	418 × 6
631 × 5	395 × 5	839 × 5	640 × 7	101 × 3	922 × 6	658 × 7	465 × 8
560 × 6	812 × 9	311 × 5	381 × 5	459 × 8	970 × 6	649 × 7	567 × 9
474 × 5	246 × 5	309 × 8	936 × 3	152 × 7	887 × 7	750 × 7	829 × 2
359 × 4	415 × 7	447 × 5	949 × 7	292 × 9	155 × 6	439 × 6	279 × 6
892 × 6	234 × 4	880 × 7	831 × 5	171 × 8	200 × 2	490 × 4	891 × 6
439 × 5	695 × 7	947 × 3	941 × 9	583 × 4	374 × 3	273 × 6	736 × 5
952 × 4	272 × 8	453 × 6	295 × 2	302 × 7	275 × 7	486 × 5	401 × 4

Time: ____________ Score: ____________

815	929	455	230	478	145	991	468
× 6	× 7	× 4	× 7	× 4	× 4	× 7	× 9
152	952	719	363	898	150	285	800
× 2	× 2	× 2	× 7	× 5	× 7	× 5	× 3
241	322	899	477	232	348	945	754
× 5	× 8	× 5	× 7	× 2	× 4	× 6	× 4
262	926	977	320	875	272	313	329
× 7	× 9	× 9	× 3	× 6	× 8	× 8	× 3
958	664	369	689	674	288	856	742
× 3	× 7	× 2	× 7	× 9	× 4	× 4	× 5
649	703	932	454	409	244	289	762
× 8	× 5	× 4	× 9	× 3	× 2	× 9	× 2
292	468	298	668	721	191	297	975
× 6	× 3	× 6	× 8	× 5	× 8	× 8	× 3
422	342	646	749	128	350	621	571
× 8	× 4	× 9	× 9	× 7	× 8	× 9	× 5
983	620	592	954	122	730	604	680
× 6	× 3	× 9	× 7	× 7	× 7	× 4	× 8

Time: _____   Score: _____

551 × 8	157 × 9	823 × 9	293 × 6	621 × 3	567 × 6	272 × 5	645 × 9
571 × 4	716 × 4	547 × 3	145 × 8	416 × 6	586 × 6	426 × 9	619 × 2
220 × 3	621 × 9	576 × 9	790 × 6	978 × 2	625 × 5	284 × 9	138 × 8
342 × 6	390 × 8	718 × 4	214 × 8	552 × 4	467 × 3	897 × 2	715 × 9
879 × 8	618 × 3	248 × 4	770 × 9	936 × 6	668 × 8	480 × 4	180 × 6
173 × 6	864 × 7	986 × 4	865 × 4	477 × 8	957 × 4	690 × 3	125 × 7
711 × 4	986 × 6	154 × 3	390 × 9	238 × 9	603 × 3	244 × 8	152 × 7
181 × 9	150 × 4	931 × 5	398 × 7	882 × 5	885 × 6	370 × 5	609 × 7
753 × 6	285 × 2	291 × 9	744 × 8	634 × 8	294 × 7	282 × 5	113 × 3

Time: _____   Score: _____

176 × 7	348 × 7	353 × 7	206 × 8	398 × 7	707 × 4	230 × 7	230 × 8
944 × 4	555 × 9	728 × 9	551 × 8	751 × 4	923 × 9	489 × 3	467 × 9
131 × 8	910 × 7	445 × 8	546 × 7	530 × 8	556 × 6	641 × 4	174 × 2
174 × 3	584 × 7	266 × 7	964 × 7	511 × 9	502 × 5	338 × 7	231 × 8
900 × 3	946 × 5	895 × 6	116 × 2	514 × 8	560 × 9	513 × 8	393 × 8
682 × 2	489 × 2	142 × 8	561 × 5	162 × 9	126 × 2	941 × 6	573 × 5
916 × 6	490 × 4	745 × 7	956 × 3	879 × 7	256 × 7	870 × 7	330 × 9
841 × 3	405 × 4	699 × 6	714 × 6	238 × 3	587 × 5	817 × 6	716 × 8
372 × 7	537 × 5	802 × 3	886 × 9	681 × 4	835 × 4	740 × 6	865 × 4

Time: _____   Score: _____

371 × 8	284 × 2	480 × 4	369 × 9	713 × 7	717 × 8	230 × 9	149 × 4
240 × 9	916 × 9	629 × 5	167 × 2	899 × 8	967 × 2	545 × 3	248 × 5
146 × 2	651 × 8	797 × 8	772 × 7	577 × 7	883 × 4	851 × 6	596 × 8
118 × 8	834 × 6	941 × 3	768 × 4	186 × 4	754 × 6	704 × 4	656 × 6
952 × 7	738 × 9	648 × 6	856 × 9	524 × 3	128 × 2	462 × 6	104 × 2
892 × 4	202 × 4	164 × 3	748 × 5	179 × 4	691 × 6	249 × 6	427 × 5
675 × 7	724 × 2	886 × 3	693 × 7	955 × 5	743 × 5	118 × 4	842 × 9
288 × 5	508 × 2	133 × 6	516 × 8	991 × 4	968 × 8	680 × 5	830 × 6
586 × 8	292 × 3	682 × 8	984 × 5	922 × 3	242 × 8	356 × 4	230 × 8

Time: _____   Score: _____

883 × 6	315 × 2	159 × 7	153 × 8	217 × 7	961 × 4	879 × 9	896 × 4
372 × 2	888 × 5	938 × 9	998 × 5	172 × 9	495 × 5	464 × 3	302 × 3
499 × 6	714 × 4	144 × 4	592 × 5	571 × 2	618 × 4	517 × 3	983 × 8
869 × 2	357 × 7	726 × 7	572 × 2	351 × 9	700 × 5	441 × 2	554 × 9
942 × 2	317 × 6	950 × 4	440 × 8	474 × 3	673 × 2	190 × 5	278 × 5
156 × 7	425 × 9	400 × 7	608 × 3	667 × 4	140 × 8	352 × 5	572 × 6
903 × 8	329 × 7	291 × 5	867 × 2	579 × 9	593 × 8	648 × 2	536 × 6
560 × 2	146 × 7	447 × 9	987 × 6	295 × 5	449 × 2	722 × 2	676 × 8
965 × 4	189 × 4	231 × 3	919 × 3	650 × 8	488 × 2	435 × 7	688 × 3

Time: _____   Score: _____

121 × 9	467 × 6	809 × 2	174 × 9	886 × 3	386 × 9	920 × 2	939 × 7
606 × 4	313 × 3	172 × 8	623 × 7	972 × 6	978 × 6	146 × 8	459 × 6
738 × 4	245 × 4	188 × 8	310 × 8	999 × 7	539 × 5	896 × 4	744 × 5
425 × 9	818 × 4	935 × 5	970 × 7	931 × 4	694 × 7	210 × 7	822 × 2
692 × 5	708 × 3	812 × 3	269 × 5	790 × 9	771 × 5	165 × 6	951 × 2
303 × 9	271 × 6	559 × 8	291 × 8	952 × 2	645 × 6	365 × 7	258 × 3
559 × 6	318 × 2	805 × 4	295 × 2	893 × 3	894 × 3	675 × 6	428 × 6
745 × 3	820 × 3	133 × 2	708 × 5	130 × 9	290 × 7	297 × 4	810 × 2
571 × 2	755 × 6	707 × 2	682 × 4	940 × 2	220 × 3	811 × 2	461 × 7

Time: _____   Score: _____

783 × 4	953 × 9	415 × 5	230 × 9	269 × 6	826 × 2	170 × 7	233 × 3
232 × 9	306 × 8	261 × 7	158 × 4	588 × 9	336 × 7	160 × 6	254 × 2
189 × 6	124 × 8	507 × 6	192 × 8	743 × 6	810 × 5	385 × 6	969 × 4
371 × 2	906 × 5	957 × 8	120 × 7	679 × 9	199 × 7	485 × 6	940 × 9
582 × 6	989 × 7	737 × 4	528 × 4	494 × 6	462 × 2	330 × 2	317 × 4
167 × 4	973 × 5	682 × 6	582 × 4	232 × 7	231 × 8	291 × 7	675 × 5
415 × 6	214 × 5	440 × 2	617 × 8	636 × 7	309 × 8	574 × 5	475 × 3
726 × 2	929 × 7	260 × 8	611 × 6	194 × 3	488 × 3	778 × 2	597 × 7
358 × 9	428 × 8	755 × 3	749 × 5	309 × 3	191 × 4	877 × 4	559 × 9

Time: _____   Score: _____

862 × 2	155 × 3	802 × 4	108 × 6	241 × 4	811 × 6	585 × 2	824 × 2
209 × 9	797 × 4	768 × 9	845 × 3	678 × 4	347 × 7	533 × 9	344 × 6
171 × 6	235 × 8	338 × 8	871 × 8	102 × 2	541 × 5	829 × 8	665 × 6
159 × 8	790 × 5	366 × 7	245 × 4	153 × 4	744 × 2	602 × 9	377 × 7
314 × 9	709 × 7	661 × 5	270 × 5	727 × 4	614 × 3	257 × 9	916 × 5
573 × 4	232 × 7	745 × 7	107 × 3	684 × 5	549 × 3	486 × 6	738 × 6
370 × 9	446 × 9	536 × 3	871 × 6	701 × 5	310 × 2	811 × 2	124 × 3
552 × 3	280 × 3	233 × 3	448 × 9	295 × 6	490 × 4	490 × 4	842 × 9
603 × 7	200 × 6	795 × 3	259 × 3	385 × 3	813 × 8	150 × 5	393 × 7

Time: _____   Score: _____

987 × 8	195 × 9	928 × 2	496 × 7	289 × 2	244 × 2	129 × 2	339 × 3
352 × 3	559 × 6	682 × 8	251 × 9	238 × 9	257 × 2	351 × 3	950 × 6
836 × 5	976 × 5	821 × 6	771 × 4	706 × 9	911 × 5	581 × 8	486 × 9
521 × 6	534 × 6	192 × 8	248 × 4	484 × 7	464 × 5	555 × 9	633 × 5
583 × 8	950 × 3	222 × 2	340 × 9	120 × 9	858 × 6	908 × 2	565 × 4
830 × 6	579 × 8	642 × 8	684 × 3	279 × 3	903 × 5	834 × 2	538 × 6
577 × 2	945 × 4	605 × 8	561 × 5	948 × 2	736 × 7	671 × 9	819 × 8
674 × 4	615 × 4	875 × 9	727 × 3	389 × 4	442 × 5	691 × 7	806 × 9
798 × 2	216 × 6	221 × 5	559 × 7	610 × 6	897 × 7	691 × 3	482 × 7

Time: ____________ Score: ____________

712 × 5	139 × 6	330 × 3	479 × 9	420 × 5	989 × 5	300 × 3	951 × 4
330 × 8	884 × 8	417 × 4	293 × 6	671 × 7	888 × 7	821 × 4	782 × 7
317 × 6	923 × 8	214 × 7	673 × 7	853 × 8	163 × 3	957 × 9	138 × 9
420 × 4	505 × 2	958 × 2	271 × 8	112 × 7	683 × 2	434 × 3	637 × 2
838 × 8	860 × 2	677 × 4	230 × 7	350 × 6	218 × 2	750 × 7	357 × 4
492 × 9	339 × 4	420 × 8	362 × 4	446 × 7	883 × 2	827 × 7	744 × 6
442 × 4	767 × 7	813 × 4	766 × 8	819 × 9	832 × 2	602 × 9	723 × 3
557 × 4	734 × 9	176 × 7	680 × 6	313 × 7	751 × 5	367 × 5	720 × 8
417 × 9	136 × 6	153 × 6	256 × 8	906 × 9	343 × 3	230 × 6	880 × 8

Time: _____   Score: _____

955 × 9	111 × 9	721 × 9	937 × 5	306 × 7	976 × 8	328 × 5	438 × 6
158 × 4	891 × 3	983 × 2	564 × 5	386 × 4	919 × 9	467 × 4	931 × 5
314 × 6	683 × 6	173 × 7	103 × 9	912 × 4	526 × 8	781 × 3	280 × 4
555 × 2	337 × 4	237 × 7	278 × 3	239 × 2	856 × 4	835 × 3	368 × 5
236 × 6	568 × 4	658 × 9	950 × 8	432 × 7	520 × 6	946 × 3	431 × 8
231 × 8	766 × 6	147 × 7	455 × 3	975 × 3	792 × 2	145 × 4	397 × 2
543 × 8	872 × 8	805 × 5	484 × 6	209 × 6	532 × 7	484 × 5	353 × 6
185 × 6	225 × 8	435 × 9	403 × 5	796 × 9	697 × 5	979 × 9	261 × 4
706 × 7	824 × 6	912 × 3	745 × 7	707 × 3	522 × 9	493 × 8	149 × 7

Time: ____________ Score: ____________

409 × 4	169 × 8	958 × 3	773 × 3	263 × 2	352 × 8	665 × 2	625 × 2
429 × 6	618 × 3	155 × 3	373 × 6	790 × 5	797 × 5	551 × 3	653 × 7
564 × 9	552 × 9	774 × 3	153 × 2	647 × 8	686 × 2	295 × 3	658 × 8
920 × 9	201 × 8	368 × 5	461 × 4	945 × 7	133 × 6	449 × 9	425 × 3
793 × 3	899 × 4	452 × 3	768 × 5	848 × 4	658 × 4	664 × 8	233 × 5
205 × 5	963 × 9	539 × 6	649 × 4	314 × 6	826 × 8	956 × 4	823 × 4
375 × 9	172 × 7	687 × 4	841 × 9	624 × 5	763 × 2	818 × 7	183 × 4
833 × 3	741 × 9	605 × 9	870 × 4	650 × 2	791 × 6	201 × 2	686 × 8
613 × 8	122 × 4	507 × 3	645 × 2	427 × 4	305 × 3	515 × 9	758 × 2

Time: _____   Score: _____

884 × 9	738 × 5	571 × 3	320 × 6	442 × 3	930 × 4	142 × 3	441 × 6
287 × 7	224 × 9	375 × 2	921 × 8	769 × 8	883 × 3	442 × 2	273 × 8
533 × 5	119 × 9	552 × 8	332 × 8	141 × 6	460 × 9	825 × 7	581 × 7
210 × 5	100 × 7	461 × 4	294 × 5	944 × 2	956 × 5	105 × 8	539 × 8
441 × 9	432 × 7	273 × 5	378 × 7	720 × 9	885 × 2	437 × 4	903 × 2
754 × 5	247 × 2	339 × 8	358 × 3	984 × 8	390 × 3	484 × 9	882 × 8
781 × 2	958 × 7	102 × 6	432 × 6	858 × 6	347 × 9	348 × 9	224 × 2
364 × 3	904 × 7	138 × 6	836 × 4	593 × 8	341 × 8	176 × 8	422 × 8
193 × 2	841 × 9	939 × 2	647 × 4	894 × 7	679 × 2	698 × 9	579 × 8

Part 3: Practice Double-Digit Multiplication

10	92	13	51	31	47	19	82	99
×45	×54	×87	×10	×13	×18	×97	×49	×10
43	18	34	10	83	38	43	52	78
×78	×20	×84	×10	×13	×65	×40	×71	×71
97	40	51	80	81	50	82	61	67
×40	×97	×93	×77	×81	×14	×94	×47	×95
83	99	80	47	52	14	45	85	43
×62	×80	×54	×41	×90	×88	×26	×41	×77
17	52	37	98	51	32	53	85	74
×26	×56	×13	×55	×27	×99	×42	×29	×15

Time: ____________ Score: ____________

33 ×35	57 ×91	44 ×91	35 ×62	14 ×10	45 ×38	41 ×75	94 ×33	32 ×26
92 ×28	80 ×20	44 ×26	92 ×87	17 ×66	68 ×83	38 ×80	60 ×48	97 ×19
73 ×77	15 ×20	31 ×16	25 ×37	66 ×65	87 ×74	40 ×72	87 ×83	27 ×13
38 ×60	77 ×77	19 ×12	36 ×79	58 ×88	10 ×29	90 ×68	32 ×63	88 ×77
49 ×72	77 ×88	80 ×86	72 ×42	29 ×58	93 ×40	95 ×97	63 ×33	31 ×78

Time: _____   Score: _____

77	68	87	44	15	15	28	13	73
×27	×52	×93	×67	×68	×18	×21	×43	×12

50	34	38	69	51	80	90	83	11
×85	×23	×36	×49	×55	×36	×83	×52	×22

43	72	76	93	98	27	79	33	86
×45	×93	×99	×91	×32	×69	×68	×82	×44

26	16	26	44	20	89	58	86	37
×52	×93	×66	×69	×51	×99	×88	×55	×51

22	97	90	76	67	24	35	28	23
×29	×29	×90	×94	×93	×55	×43	×13	×26

Time: _____   Score: _____

21	75	93	97	71	87	77	91	96
×75	×99	×72	×64	×74	×89	×35	×33	×13

57	77	75	52	18	93	14	23	41
×98	×11	×75	×86	×14	×35	×57	×44	×16

13	92	58	13	48	44	43	90	35
×78	×16	×62	×77	×59	×16	×38	×59	×39

43	62	46	63	43	51	30	33	39
×86	×83	×13	×56	×43	×70	×72	×13	×67

32	81	60	29	92	95	98	50	72
×88	×34	×89	×48	×91	×93	×28	×80	×87

Time: _____   Score: _____

28	63	99	67	37	90	90	63	16
×79	×41	×35	×50	×88	×99	×53	×65	×14

87	63	41	11	78	82	24	94	18
×90	×77	×10	×29	×60	×74	×34	×36	×64

78	69	64	73	19	35	79	87	90
×90	×30	×97	×86	×77	×45	×35	×97	×51

78	75	42	38	75	25	72	75	28
×77	×40	×50	×51	×45	×24	×56	×49	×28

89	13	29	39	64	32	55	23	71
×26	×87	×33	×65	×33	×87	×73	×91	×41

Time: ____________ Score: ____________

96 ×53	53 ×18	64 ×83	65 ×71	81 ×68	80 ×92	26 ×56	39 ×96	17 ×15
65 ×97	20 ×48	24 ×55	70 ×63	91 ×50	24 ×84	36 ×22	46 ×80	10 ×19
72 ×17	11 ×94	97 ×64	45 ×51	56 ×92	90 ×34	59 ×42	67 ×24	90 ×56
60 ×35	94 ×16	79 ×31	97 ×60	79 ×94	36 ×39	67 ×43	30 ×92	68 ×97
46 ×98	32 ×22	30 ×19	89 ×55	79 ×20	73 ×69	75 ×62	61 ×46	72 ×31

Time: ____________ Score: ____________

28 ×72	65 ×68	48 ×24	13 ×93	44 ×35	12 ×90	38 ×39	92 ×35	58 ×67
89 ×12	28 ×29	67 ×71	62 ×56	14 ×34	80 ×18	77 ×11	19 ×16	21 ×16
18 ×62	54 ×71	44 ×67	18 ×23	10 ×73	86 ×94	10 ×20	26 ×72	17 ×12
49 ×87	77 ×37	17 ×56	61 ×58	75 ×88	19 ×13	24 ×70	43 ×34	85 ×42
28 ×21	11 ×77	40 ×96	79 ×22	83 ×24	23 ×82	42 ×50	68 ×66	91 ×44

Time: ____________ Score: ____________

71 ×99	92 ×87	46 ×81	34 ×19	13 ×24	77 ×59	45 ×63	28 ×11	63 ×87
81 ×57	18 ×83	42 ×71	28 ×27	78 ×68	97 ×61	81 ×77	39 ×27	87 ×84
92 ×86	52 ×25	98 ×33	69 ×75	10 ×72	44 ×47	20 ×28	73 ×33	49 ×84
19 ×32	10 ×86	45 ×14	30 ×94	62 ×70	18 ×40	32 ×87	69 ×40	62 ×40
51 ×30	29 ×53	66 ×26	37 ×51	85 ×52	76 ×30	52 ×76	22 ×95	57 ×79

Time: ____________ Score: ____________

39 ×51	85 ×16	15 ×49	92 ×24	53 ×49	80 ×87	89 ×68	77 ×86	90 ×46
11 ×71	24 ×57	43 ×11	32 ×76	74 ×77	76 ×80	55 ×71	26 ×60	13 ×33
59 ×94	61 ×35	97 ×12	46 ×93	51 ×26	52 ×96	12 ×99	92 ×14	41 ×36
57 ×69	63 ×78	14 ×59	41 ×98	11 ×64	47 ×92	57 ×59	43 ×70	39 ×34
54 ×80	22 ×66	48 ×83	70 ×39	72 ×59	13 ×22	22 ×25	43 ×26	41 ×75

Time: _____   Score: _____

47 ×57	59 ×10	82 ×60	48 ×85	24 ×90	33 ×20	88 ×75	76 ×76	22 ×85
60 ×80	69 ×16	37 ×27	79 ×96	81 ×36	96 ×58	37 ×95	56 ×43	51 ×79
37 ×51	96 ×30	56 ×50	81 ×12	11 ×30	35 ×65	44 ×83	27 ×17	15 ×11
28 ×79	71 ×32	97 ×85	46 ×10	39 ×17	40 ×41	94 ×59	18 ×51	82 ×16
39 ×43	55 ×64	99 ×48	66 ×23	60 ×64	99 ×53	37 ×25	41 ×54	30 ×99

Time: _____   Score: _____

58	69	63	34	95	91	65	20	38
×85	×41	×78	×67	×25	×84	×63	×41	×54

71	39	95	14	99	70	18	62	87
×10	×26	×14	×37	×40	×19	×74	×96	×62

82	12	34	45	60	29	76	91	52
×23	×46	×47	×75	×44	×92	×54	×81	×20

10	38	20	21	96	34	69	24	29
×32	×89	×43	×44	×42	×52	×85	×30	×99

97	13	13	84	77	42	97	40	92
×36	×35	×22	×43	×22	×26	×12	×88	×96

Time: ______________ Score: ______________

39 ×92	56 ×21	65 ×72	47 ×58	73 ×53	58 ×36	58 ×48	18 ×11	76 ×74
32 ×17	20 ×33	64 ×16	11 ×20	11 ×59	95 ×42	69 ×80	75 ×67	85 ×94
76 ×26	21 ×40	24 ×76	76 ×61	15 ×96	24 ×35	41 ×15	79 ×94	16 ×67
54 ×70	55 ×13	72 ×11	17 ×95	74 ×14	67 ×89	28 ×30	56 ×25	35 ×19
82 ×96	15 ×66	78 ×60	63 ×84	41 ×17	61 ×25	42 ×27	74 ×99	66 ×38

Time: ______________ Score: ______________

75 ×90	77 ×73	48 ×98	55 ×19	64 ×74	89 ×94	39 ×19	53 ×98	34 ×78
42 ×83	84 ×84	56 ×77	66 ×44	49 ×14	40 ×17	59 ×63	15 ×15	14 ×67
28 ×32	22 ×52	69 ×32	92 ×31	89 ×93	30 ×85	38 ×65	49 ×36	17 ×91
40 ×45	14 ×54	94 ×59	44 ×46	87 ×86	84 ×34	32 ×52	49 ×63	63 ×46
50 ×45	62 ×88	40 ×16	94 ×44	75 ×98	56 ×10	29 ×45	28 ×60	46 ×94

Time: ____________ Score: ____________

63 ×26	92 ×76	11 ×34	45 ×63	45 ×53	37 ×38	25 ×58	51 ×34	90 ×67
89 ×12	73 ×68	36 ×28	39 ×54	76 ×98	70 ×40	50 ×47	64 ×36	63 ×62
73 ×94	91 ×45	15 ×60	26 ×75	91 ×96	88 ×88	82 ×68	74 ×49	83 ×87
17 ×24	71 ×11	80 ×95	83 ×93	58 ×53	11 ×17	76 ×56	33 ×12	10 ×43
10 ×78	58 ×65	65 ×23	52 ×12	48 ×59	47 ×63	70 ×78	56 ×59	91 ×90

Time: ____________ Score: ____________

72 ×40	90 ×85	27 ×52	72 ×82	94 ×95	81 ×23	48 ×65	67 ×31	46 ×41
17 ×84	78 ×32	14 ×25	87 ×93	31 ×53	31 ×63	16 ×21	34 ×22	50 ×22
42 ×95	46 ×68	20 ×78	59 ×27	23 ×27	61 ×16	18 ×27	99 ×57	67 ×89
30 ×53	44 ×34	89 ×85	39 ×23	82 ×25	64 ×27	53 ×34	68 ×43	16 ×32
88 ×93	16 ×29	69 ×71	64 ×92	26 ×50	29 ×85	94 ×58	92 ×31	38 ×66

Time: _____   Score: _____

79 ×65	61 ×21	61 ×45	62 ×81	51 ×22	69 ×13	29 ×50	65 ×22	35 ×34
43 ×61	78 ×39	26 ×34	93 ×77	39 ×24	99 ×87	51 ×41	59 ×48	57 ×67
66 ×18	94 ×51	33 ×15	96 ×87	43 ×39	94 ×94	23 ×73	39 ×71	70 ×78
39 ×12	45 ×35	17 ×80	45 ×84	30 ×41	34 ×64	80 ×89	27 ×98	71 ×67
98 ×55	74 ×18	25 ×84	84 ×72	66 ×51	85 ×15	84 ×83	71 ×13	62 ×42

Time: _____   Score: _____

11	83	27	46	82	88	76	54	27
×75	×81	×69	×65	×91	×68	×33	×13	×48

38	82	76	68	53	43	67	67	94
×76	×71	×83	×87	×75	×13	×26	×61	×46

14	36	92	72	26	77	28	87	32
×70	×63	×73	×17	×50	×62	×28	×73	×51

46	29	84	94	76	72	44	28	32
×73	×98	×48	×51	×32	×56	×56	×63	×70

90	72	50	37	82	60	65	50	80
×44	×47	×53	×87	×50	×88	×11	×59	×72

Time: _____   Score: _____

41	78	55	95	81	67	16	78	68
×64	×43	×42	×63	×87	×96	×13	×13	×19

88	76	77	88	25	62	77	98	23
×11	×70	×53	×69	×35	×95	×19	×46	×28

91	55	23	40	62	30	87	26	17
×95	×64	×91	×83	×30	×49	×47	×75	×12

97	10	32	42	46	29	20	97	61
×43	×50	×30	×89	×26	×68	×13	×16	×67

68	62	31	85	53	67	55	61	38
×67	×36	×23	×85	×67	×56	×54	×90	×98

Time: ____________ Score: ____________

28	31	55	71	99	26	69	49	97
×76	×16	×57	×55	×26	×83	×75	×78	×30

68	33	95	14	11	24	46	45	40
×27	×64	×26	×94	×13	×24	×98	×42	×35

55	42	64	13	83	31	93	31	26
×76	×54	×81	×49	×24	×69	×13	×38	×70

56	48	43	46	15	92	80	97	86
×13	×89	×15	×54	×50	×66	×92	×42	×75

67	99	46	47	88	38	52	44	59
×86	×53	×92	×95	×92	×82	×67	×65	×46

Time: _____   Score: _____

44 ×44	74 ×91	84 ×95	97 ×97	46 ×41	64 ×24	95 ×71	90 ×34	62 ×37
34 ×61	66 ×68	85 ×99	36 ×77	28 ×95	36 ×23	59 ×24	57 ×18	29 ×86
12 ×51	34 ×24	28 ×32	10 ×71	44 ×41	44 ×26	28 ×50	95 ×88	75 ×42
10 ×35	73 ×18	33 ×86	15 ×94	83 ×60	60 ×33	40 ×48	84 ×49	28 ×17
53 ×36	30 ×68	36 ×28	24 ×36	11 ×27	78 ×45	19 ×24	58 ×35	67 ×49

Time: _____   Score: _____

13	22	92	37	12	86	26	75	32
×72	×80	×66	×91	×86	×15	×99	×40	×66
47	59	85	57	62	73	23	43	73
×49	×39	×31	×11	×39	×25	×74	×39	×89
54	40	74	45	78	96	49	80	32
×85	×55	×83	×64	×25	×44	×37	×91	×21
39	67	89	65	64	30	20	12	66
×93	×88	×94	×47	×89	×14	×17	×93	×34
43	35	62	88	16	48	28	19	39
×13	×33	×31	×78	×98	×86	×77	×51	×26

Time: _____   Score: _____

31 ×72	97 ×52	75 ×23	78 ×98	63 ×92	10 ×42	37 ×39	47 ×58	73 ×95
57 ×34	13 ×14	56 ×12	67 ×42	66 ×71	55 ×78	96 ×67	33 ×87	56 ×11
95 ×20	19 ×70	86 ×25	98 ×64	51 ×17	59 ×60	45 ×29	82 ×14	65 ×18
98 ×61	10 ×99	58 ×97	18 ×86	95 ×75	91 ×63	69 ×66	37 ×17	55 ×23
49 ×43	31 ×66	83 ×63	57 ×37	30 ×19	70 ×64	88 ×75	58 ×84	11 ×43

Time: _____   Score: _____

40	71	57	27	47	81	69	54	67
×27	×53	×72	×32	×90	×73	×66	×92	×70

29	65	26	62	37	62	30	39	22
×26	×92	×73	×54	×97	×88	×37	×13	×34

98	80	52	21	28	88	68	82	21
×63	×22	×53	×87	×11	×40	×81	×66	×89

45	29	31	68	68	22	88	55	31
×36	×39	×54	×22	×94	×77	×56	×12	×36

43	62	21	89	67	40	31	42	70
×51	×50	×97	×29	×57	×73	×12	×65	×28

Time: ______________ Score: ______________

93 ×86	27 ×40	19 ×89	23 ×17	36 ×19	69 ×85	64 ×59	35 ×90	40 ×77
24 ×76	71 ×87	23 ×23	24 ×20	73 ×94	33 ×28	91 ×71	28 ×45	40 ×32
58 ×81	61 ×37	75 ×89	11 ×97	46 ×20	53 ×23	52 ×61	95 ×37	72 ×61
19 ×75	48 ×67	80 ×96	58 ×95	19 ×31	15 ×74	85 ×48	57 ×34	11 ×52
27 ×47	70 ×21	17 ×62	21 ×44	37 ×70	20 ×11	73 ×97	70 ×90	88 ×81

Time: ____________ Score: ____________

17	12	24	83	81	70	89	53	97
×80	×34	×42	×64	×70	×48	×69	×71	×30
76	25	83	76	12	19	11	99	22
×17	×86	×70	×39	×12	×85	×68	×28	×76
49	75	20	34	77	46	30	31	65
×66	×58	×26	×50	×12	×78	×46	×39	×75
80	30	42	38	60	83	52	40	78
×27	×72	×39	×92	×53	×49	×90	×77	×61
70	77	54	81	42	75	60	16	96
×48	×80	×52	×67	×46	×92	×92	×79	×46

Time: ______________ Score: ______________

41 ×32	87 ×52	67 ×48	65 ×34	14 ×52	30 ×53	36 ×34	68 ×97	95 ×67
70 ×88	25 ×72	79 ×65	68 ×89	67 ×82	98 ×78	97 ×94	34 ×13	98 ×58
30 ×46	62 ×42	66 ×46	34 ×67	79 ×62	30 ×29	47 ×31	29 ×49	84 ×87
78 ×74	20 ×78	12 ×36	51 ×10	69 ×68	59 ×74	59 ×43	69 ×92	10 ×91
26 ×44	24 ×61	64 ×61	76 ×64	74 ×50	56 ×99	48 ×18	83 ×76	30 ×70

Time: ____________ Score: ____________

97 ×94	40 ×61	27 ×33	38 ×30	10 ×44	47 ×93	81 ×99	54 ×67	32 ×75
83 ×30	34 ×16	25 ×42	85 ×35	21 ×34	54 ×38	55 ×57	21 ×56	26 ×86
85 ×34	34 ×67	71 ×11	82 ×20	31 ×24	85 ×59	18 ×64	72 ×45	52 ×20
49 ×10	63 ×92	93 ×34	50 ×17	38 ×65	16 ×61	72 ×88	76 ×69	79 ×15
65 ×30	56 ×64	96 ×41	60 ×33	72 ×67	41 ×59	48 ×63	50 ×80	39 ×53

Time: ____________ Score: ____________

62 ×83	54 ×21	64 ×76	58 ×10	29 ×71	92 ×60	93 ×65	67 ×17	46 ×85
17 ×56	63 ×81	81 ×89	86 ×31	54 ×28	38 ×50	13 ×45	85 ×37	97 ×64
43 ×64	74 ×89	56 ×95	79 ×47	50 ×34	24 ×45	86 ×30	78 ×53	93 ×26
53 ×15	70 ×40	88 ×66	43 ×75	76 ×49	82 ×15	40 ×35	39 ×23	41 ×74
43 ×44	50 ×47	94 ×68	37 ×29	97 ×24	15 ×60	90 ×43	65 ×95	27 ×59

Time: ______________ Score: ______________

77	55	23	53	76	83	43	87	20
×89	×55	×43	×88	×32	×45	×17	×93	×20
77	39	89	11	46	69	60	29	94
×49	×66	×64	×43	×90	×68	×94	×43	×89
99	41	37	45	62	73	61	40	27
×58	×25	×28	×27	×63	×49	×95	×56	×83
44	65	29	96	67	27	56	48	40
×45	×11	×16	×30	×76	×71	×48	×82	×39
72	59	92	68	36	23	45	33	14
×81	×47	×69	×45	×81	×72	×47	×65	×40

Time: _____   Score: _____

19	74	46	95	21	95	78	20	36
×99	×75	×96	×15	×73	×10	×71	×10	×73

84	52	15	31	52	80	38	51	32
×89	×42	×71	×28	×83	×21	×24	×17	×82

34	43	47	18	18	34	97	55	75
×89	×50	×75	×23	×90	×34	×94	×56	×33

58	68	92	42	94	32	25	55	27
×26	×86	×94	×97	×53	×23	×87	×78	×88

32	84	32	14	26	66	64	17	68
×31	×79	×22	×95	×21	×73	×36	×25	×67

Time: ______________ Score: ______________

70 ×67	98 ×61	28 ×42	43 ×85	34 ×82	74 ×46	59 ×64	83 ×71	70 ×54
64 ×93	34 ×97	45 ×97	48 ×40	21 ×37	24 ×17	70 ×28	89 ×52	76 ×14
52 ×29	57 ×89	46 ×28	37 ×29	61 ×71	66 ×88	95 ×72	44 ×31	19 ×88
50 ×29	80 ×73	97 ×21	33 ×42	78 ×28	34 ×33	78 ×64	96 ×87	74 ×93
36 ×12	70 ×18	35 ×81	26 ×62	88 ×20	57 ×54	96 ×98	59 ×70	62 ×28

Time: ______________ Score: ______________

72	90	95	36	76	73	44	41	68
×59	×93	×75	×12	×51	×73	×60	×62	×79
41	81	15	13	90	29	97	21	56
×55	×61	×97	×82	×63	×65	×62	×26	×64
11	46	64	58	37	71	29	22	14
×27	×18	×98	×57	×18	×36	×54	×85	×88
79	62	58	56	94	61	14	22	62
×41	×96	×58	×42	×55	×19	×22	×49	×98
19	98	79	21	17	62	87	89	13
×57	×34	×57	×97	×52	×52	×28	×97	×88

Time: _____   Score: _____

10 ×34	62 ×98	39 ×87	67 ×71	41 ×62	21 ×86	51 ×55	38 ×87	46 ×31
44 ×89	13 ×63	71 ×99	46 ×87	86 ×85	61 ×26	86 ×24	42 ×99	77 ×95
62 ×93	65 ×18	66 ×77	55 ×48	34 ×16	18 ×63	34 ×17	60 ×39	86 ×73
24 ×98	35 ×34	86 ×37	54 ×47	80 ×81	95 ×33	77 ×69	22 ×16	12 ×73
85 ×71	40 ×66	98 ×61	97 ×15	27 ×70	39 ×89	52 ×23	93 ×88	60 ×25

Time: _____   Score: _____

58 ×24	86 ×79	15 ×71	61 ×18	92 ×74	15 ×37	76 ×93	46 ×48	39 ×66
46 ×88	48 ×93	88 ×65	16 ×37	47 ×67	60 ×66	50 ×75	65 ×55	28 ×19
55 ×29	94 ×12	74 ×79	13 ×63	84 ×61	29 ×76	85 ×28	50 ×69	11 ×30
31 ×17	71 ×30	34 ×73	52 ×35	75 ×14	20 ×78	51 ×39	70 ×86	70 ×41
48 ×23	68 ×85	23 ×85	26 ×94	42 ×97	55 ×91	43 ×72	95 ×22	55 ×83

Time: ____________ Score: ____________

53 ×75	41 ×90	92 ×94	47 ×48	30 ×40	46 ×96	41 ×13	77 ×88	91 ×76
55 ×44	80 ×13	54 ×70	22 ×53	77 ×34	55 ×58	63 ×64	36 ×61	17 ×10
10 ×17	24 ×69	58 ×67	58 ×26	72 ×23	96 ×70	37 ×51	98 ×41	50 ×51
30 ×33	76 ×63	23 ×83	13 ×90	24 ×46	94 ×51	56 ×89	61 ×80	11 ×13
59 ×51	82 ×86	56 ×96	27 ×51	86 ×18	39 ×84	87 ×68	20 ×25	48 ×13

Time: _____   Score: _____

81	80	56	98	90	12	56	60	57
×14	×80	×47	×16	×75	×18	×94	×57	×53

81	62	49	18	75	95	43	73	25
×91	×65	×38	×74	×62	×22	×87	×46	×75

72	75	33	29	22	40	29	57	71
×87	×65	×98	×84	×99	×34	×69	×25	×56

23	31	58	73	64	71	28	68	53
×23	×96	×46	×81	×91	×80	×37	×32	×49

49	30	88	61	36	83	87	61	86
×80	×97	×92	×68	×40	×37	×74	×70	×42

Time: ____________ Score: ____________

74	84	28	74	33	36	34	70	71
×37	×84	×16	×48	×66	×91	×71	×36	×88
59	90	14	12	91	91	33	48	16
×23	×54	×33	×24	×99	×97	×62	×60	×12
23	86	96	13	28	24	64	13	65
×89	×76	×11	×54	×78	×44	×14	×23	×86
49	80	77	84	72	88	17	55	59
×79	×95	×68	×57	×88	×40	×85	×79	×77
53	79	83	36	27	76	47	36	75
×11	×83	×60	×94	×66	×39	×18	×57	×59

Time: ____________ Score: ____________

44 ×70	38 ×73	65 ×62	38 ×95	68 ×74	73 ×95	10 ×64	60 ×48	85 ×89
54 ×52	29 ×40	12 ×10	34 ×46	55 ×28	10 ×16	75 ×89	37 ×30	20 ×39
13 ×16	32 ×28	74 ×45	45 ×17	42 ×31	69 ×62	12 ×24	57 ×59	42 ×44
11 ×67	73 ×14	72 ×13	32 ×88	24 ×68	69 ×67	46 ×95	47 ×73	74 ×49
62 ×11	32 ×89	84 ×95	56 ×28	43 ×51	50 ×14	81 ×13	56 ×21	51 ×82

Time: _____   Score: _____

84	38	96	42	45	83	80	80	29
×99	×61	×81	×68	×46	×60	×58	×93	×29

90	83	98	91	30	24	84	38	23
×68	×53	×51	×92	×23	×80	×35	×95	×83

84	56	31	39	70	15	38	77	96
×88	×64	×15	×15	×86	×86	×21	×94	×36

13	93	89	48	17	88	45	95	99
×87	×97	×36	×37	×70	×45	×93	×64	×54

84	91	49	64	25	30	53	55	71
×17	×73	×48	×46	×35	×26	×49	×56	×38

Time: ______________ Score: ______________

83 ×14	36 ×94	59 ×54	97 ×57	10 ×24	61 ×38	54 ×51	28 ×89	98 ×79
38 ×86	15 ×36	35 ×76	54 ×72	72 ×54	57 ×20	73 ×35	91 ×88	70 ×45
74 ×44	12 ×14	55 ×92	75 ×94	16 ×53	31 ×57	16 ×95	41 ×64	44 ×84
69 ×47	26 ×24	67 ×17	87 ×19	46 ×45	27 ×46	54 ×15	68 ×16	42 ×95
16 ×40	70 ×74	60 ×27	73 ×66	38 ×45	14 ×77	24 ×35	48 ×25	57 ×58

Part 4: Practice Multi-Digit Multiplication

103×92	548×8	516×3	136×18	191×820	499×102	438×183
209×84	106×8	134×65	430×52	713×713	974×40	978×93
805×810	816×14	828×619	478×956	836×990	803×544	477×52
907×8	455×85	414×77	174×52	560×13	988×518	270×99

Time: ____________ Score: ____________

539 × 85	292 ×151	335 × 57	912 × 91	353 ×140	104 × 38	415 ×940
334 × 26	922 × 80	200 × 26	929 ×171	667 ×839	383 ×603	489 ×195
735 ×159	208 × 16	256 × 66	655 ×745	403 ×870	831 × 13	386 ×771
772 × 12	366 ×582	886 × 3	901 ×324	638 ×770	499 ×779	883 ×865

Time: ______________ Score: ______________

723 × 29	583 × 408	957 × 630	331 × 78	777 × 68	523 × 936	449 × 158
682 × 2	284 × 13	430 × 121	506 × 343	232 × 36	694 × 51	555 × 365
903 × 838	521 × 3	437 × 72	935 × 994	935 × 981	325 × 69	791 × 333
828 × 443	262 × 16	938 × 66	443 × 204	512 × 990	586 × 868	551 × 51

Time: ____________ Score: ____________

228 × 97	294 ×903	762 ×674	935 × 55	354 × 28	139 × 26	210 ×751
992 ×728	973 ×711	748 ×895	773 × 91	331 ×131	572 ×770	118 ×754
524 ×184	147 ×352	141 ×235	445 × 16	139 ×922	160 ×625	130 ×483
599 × 16	432 × 90	599 × 39	435 ×625	839 × 13	638 ×432	433 × 70

Time: ____________ Score: ____________

309 ×339	135 × 67	322 ×819	344 ×896	290 × 92	914 ×939	983 × 50
806 ×874	283 ×630	414 ×352	675 × 37	880 ×991	903 × 63	652 × 2
873 ×637	777 × 10	111 × 78	601 ×744	240 × 94	367 × 6	785 ×694
306 ×971	736 ×193	775 × 45	795 × 87	977 ×511	780 ×757	408 × 50

Time: ____________ Score: ____________

382 × 75	454 × 24	721 ×758	499 × 28	898 × 13	875 × 33	393 ×648
332 × 87	555 ×230	913 ×410	962 × 53	185 ×831	650 ×814	689 ×923
266 ×392	966 × 2	655 ×200	484 × 55	700 ×913	509 × 84	362 × 46
805 × 2	726 × 2	945 ×649	450 × 56	920 ×340	597 × 67	245 ×567

Time: _____   Score: _____

609 × 94	166 ×312	974 ×796	949 × 39	679 × 30	928 ×973	469 ×325
220 × 19	895 ×799	205 ×691	750 ×616	461 ×318	286 ×657	687 × 24
139 ×441	359 × 9	380 × 92	355 ×673	891 × 3	298 ×710	625 ×144
341 ×184	775 × 2	160 × 16	181 ×548	711 × 67	189 × 10	730 ×948

Time: ____________ Score: ____________

100 × 26	726 × 2	491 × 775	375 × 6	619 × 751	886 × 13	242 × 435
348 × 423	287 × 11	775 × 96	793 × 83	247 × 82	425 × 68	663 × 442
712 × 929	875 × 81	348 × 13	246 × 596	458 × 281	110 × 873	813 × 184
833 × 71	289 × 78	685 × 618	812 × 397	279 × 848	923 × 523	252 × 335

Time: _____   Score: _____

693	726	209	335	193	866	302
×102	× 47	× 73	× 84	× 10	× 14	×622

700	325	408	518	534	378	525
× 4	×698	×407	× 29	×264	× 85	×307

526	956	397	166	927	490	891
×229	×799	× 85	× 5	× 53	×870	×776

869	115	578	329	775	553	602
×468	×245	× 11	×744	×808	×265	× 4

Time: ____________ Score: ____________

591 × 610	356 × 121	469 × 512	261 × 96	122 × 923	149 × 36	574 × 637
781 × 6	411 × 114	649 × 92	573 × 432	705 × 34	546 × 222	669 × 83
702 × 72	596 × 3	223 × 43	267 × 75	477 × 599	106 × 608	482 × 247
902 × 20	889 × 761	760 × 85	602 × 693	160 × 27	797 × 817	362 × 586

Time: ____________ Score: ____________

374 ×565	435 × 79	372 × 96	301 ×503	811 × 2	303 × 65	443 ×275
170 × 2	288 ×718	327 ×858	465 × 4	171 × 41	945 ×186	518 ×162
393 × 55	647 ×482	662 × 60	648 ×536	379 × 41	548 × 99	586 ×699
412 ×788	342 ×958	252 ×848	654 ×205	414 × 54	714 × 4	265 ×148

Time: ____________ Score: ____________

140 × 99	404 ×190	182 ×628	964 ×627	823 × 12	461 × 47	453 ×608
444 × 92	763 × 91	811 × 20	107 × 38	893 × 43	218 × 96	420 × 52
691 ×249	309 × 99	976 × 13	354 × 3	849 × 77	222 × 26	979 × 4
880 ×967	391 ×566	210 ×727	474 ×733	530 ×366	583 × 18	111 ×746

Time: ____________ Score: ____________

325 × 2	331 ×160	118 × 11	598 ×428	693 ×751	678 ×947	769 × 21
402 × 76	762 ×152	966 × 35	415 × 8	947 × 7	545 ×552	132 ×113
177 ×748	147 ×898	284 × 56	251 × 19	825 ×155	667 ×609	630 ×410
179 ×253	424 × 74	999 ×389	756 ×774	732 × 98	558 × 64	748 ×943

Time: __________ Score: __________

390 × 53	986 × 78	428 ×844	847 ×778	661 × 49	149 × 17	599 ×150
158 × 7	280 × 22	522 ×321	921 × 89	933 × 85	381 ×499	364 × 9
401 × 14	541 ×599	443 × 87	869 ×344	323 × 49	635 ×465	508 × 62
888 × 16	946 × 75	986 ×104	299 × 28	605 × 94	639 × 92	763 × 4

Time: _____   Score: _____

454	531	251	345	897	686	399
×452	× 38	×518	×671	× 7	× 28	× 76

982	509	364	736	458	266	965
×402	× 64	×622	×918	× 6	×911	×885

827	492	170	117	832	534	768
×748	×876	× 71	×950	×584	× 2	×335

126	104	650	525	593	700	599
× 4	×581	×236	× 5	× 63	×569	×904

Time: _____   Score: _____

724	857	720	953	489	313	179
× 90	× 52	×945	×234	×676	× 41	×788

327	872	537	163	228	428	681
× 3	×312	× 63	× 34	× 22	×462	× 78

598	271	187	575	301	341	392
× 23	×168	× 99	×898	× 44	×856	× 82

253	535	431	882	291	647	502
×274	× 68	× 3	×163	×710	×265	× 85

Time: ______________ Score: ______________

946 ×920	317 × 66	794 ×610	212 ×459	628 ×519	221 ×131	297 × 65
222 × 34	435 ×783	392 × 34	939 ×393	246 ×874	510 × 59	483 ×673
665 × 9	513 × 15	964 ×438	399 ×943	233 ×391	716 ×784	397 × 5
359 × 8	457 ×301	414 × 64	803 ×277	987 ×675	988 ×743	181 × 84

Time: ______________ Score: ______________

845 ×664	516 ×157	847 ×713	131 ×422	113 ×838	810 × 69	466 ×828
912 ×683	765 × 54	132 × 48	380 ×822	710 ×839	681 ×536	750 × 13
673 × 67	612 ×468	149 ×362	637 ×737	721 × 3	501 ×621	282 × 87
733 × 51	460 ×295	989 ×481	941 × 76	324 ×566	444 ×281	635 × 70

Time: ____________ Score: ____________

905 × 72	472 × 53	370 ×821	507 ×881	657 × 5	594 ×727	411 ×783
435 ×429	953 ×817	871 ×961	165 × 8	138 ×199	880 × 7	704 ×534
889 ×258	355 ×952	771 × 98	465 × 28	914 ×551	643 × 91	402 ×628
304 × 49	871 × 26	755 × 2	970 × 10	508 × 30	421 ×464	267 × 68

Time: _____   Score: _____

209 × 9	163 ×679	689 ×628	367 × 23	859 ×536	670 ×563	557 × 61
904 × 98	283 ×319	160 ×571	710 ×997	266 × 83	699 ×493	784 ×308
689 × 33	644 ×260	141 ×118	138 × 24	467 ×450	422 × 35	558 ×424
545 ×814	132 × 83	242 × 69	932 × 3	389 × 70	562 × 5	896 × 15

Time: ____________ Score: ____________

465 × 15	502 × 663	801 × 971	422 × 754	670 × 999	538 × 92	472 × 885
929 × 82	522 × 443	659 × 461	443 × 74	912 × 955	974 × 466	414 × 241
953 × 908	344 × 374	349 × 663	686 × 994	365 × 287	959 × 23	596 × 57
182 × 86	122 × 34	243 × 32	108 × 449	414 × 26	283 × 95	888 × 420

Time: ____________ Score: ____________

101 × 73	189 × 86	154 ×831	603 ×334	400 × 84	491 × 17	530 × 30
681 × 28	242 × 11	274 ×459	191 × 58	353 ×495	136 ×228	804 ×660
374 ×124	860 ×153	267 ×755	406 × 66	474 × 59	390 ×311	574 × 6
393 ×256	238 ×434	395 ×898	540 ×402	559 ×831	458 ×787	255 ×442

Time: ____________ Score: ____________

497 × 80	910 × 21	398 ×670	885 ×948	653 × 64	898 × 14	204 × 2
935 ×342	438 × 4	335 ×311	886 ×162	982 × 86	286 ×198	517 × 26
315 ×972	525 ×237	783 ×632	924 × 4	372 × 47	587 ×956	571 × 13
143 ×129	674 × 66	716 ×788	966 ×330	876 ×118	955 × 19	707 ×256

Time: _____   Score: _____

985	179	459	144	989	995	181
×510	×602	× 82	×187	×108	×977	×959

759	697	175	491	665	575	192
×636	×379	×236	× 31	×636	× 30	×649

885	840	409	538	271	908	690
×585	× 4	× 71	×722	× 47	×730	×547

921	295	926	629	974	304	135
×708	× 65	× 73	× 37	×882	× 39	× 34

Time: _____   Score: _____

988 ×809	221 × 53	218 ×289	113 ×405	684 ×829	666 × 89	453 × 29

390 × 54	687 × 68	943 × 77	882 ×557	125 × 36	439 × 62	503 × 97

897 × 67	570 × 73	315 × 4	658 ×282	933 ×275	402 × 89	231 × 4

191 ×851	645 ×358	903 × 77	249 ×717	879 × 23	240 × 73	941 × 28

Time: _____   Score: _____

918	458	580	372	111	205	523
×285	× 32	×613	×896	×466	× 23	×956

373	193	674	585	310	859	341
×613	×486	×962	×197	× 7	× 57	× 5

278	217	219	702	737	904	178
× 70	× 6	× 37	× 11	×706	×815	×121

340	837	709	893	717	762	861
× 42	×811	×487	×531	×309	× 3	×705

Time: ____________ Score: ____________

761 × 12	126 × 85	113 ×998	282 × 76	491 ×757	582 × 26	348 × 77
123 × 78	300 × 31	398 ×757	806 × 30	725 × 39	384 ×606	530 ×498
522 ×409	777 ×612	706 × 77	808 × 52	813 ×426	466 ×921	600 ×165
797 ×461	413 × 87	529 ×486	657 × 14	527 × 53	368 × 68	972 ×676

Time: _____   Score: _____

704	720	684	823	973	137	300
×255	×653	×672	×780	×342	×585	× 62

427	341	622	471	490	787	789
×466	×792	× 29	× 29	×876	×202	× 4

511	687	590	929	261	618	769
× 7	×743	× 69	× 9	× 24	×616	×743

507	483	765	971	614	387	443
×999	× 8	× 70	×408	× 33	× 10	× 93

Time: _____   Score: _____

811	670	831	167	855	348	550
×541	× 75	× 34	× 42	× 21	× 38	×217

562	857	674	827	243	189	457
× 86	× 34	×115	× 31	×594	×727	× 20

499	927	508	650	726	692	656
× 6	×344	× 4	× 6	×762	×152	× 56

643	602	678	485	802	622	211
×412	× 72	× 59	×500	× 53	×546	×767

Time: _____   Score: _____

588 × 3	716 ×608	932 ×676	176 × 85	178 ×630	811 ×894	863 × 54
281 × 50	135 × 85	371 ×649	430 ×740	890 ×954	793 × 50	340 × 45
865 × 78	534 ×263	536 × 7	405 ×667	438 ×768	498 ×153	407 × 39
233 × 74	436 × 50	479 ×685	370 × 97	240 × 6	904 × 65	955 × 59

Time: ____________ Score: ____________

775 ×556	552 × 43	532 ×763	328 ×454	438 × 8	936 × 20	770 × 39
667 ×643	110 × 46	905 ×686	606 ×293	436 ×890	996 ×413	254 × 28
450 × 62	631 ×495	614 ×408	563 × 83	440 × 65	113 × 16	968 × 67
768 × 71	568 × 48	820 × 39	724 ×595	471 ×692	686 × 36	813 × 72

Time: ______________ Score: ______________

451 × 33	654 × 4	196 ×748	755 × 96	956 × 2	736 ×102	785 ×200
109 × 73	842 ×520	420 × 7	318 × 52	835 ×219	386 × 51	173 × 82
345 ×438	504 × 75	180 × 18	908 × 34	978 ×559	567 ×332	589 × 68
860 ×949	426 ×946	538 × 23	254 ×559	780 × 88	320 × 84	795 × 22

Time: ____________ Score: ____________

148 ×269	216 ×736	645 × 17	253 ×679	706 ×989	619 × 42	433 ×346
822 ×466	593 ×831	718 ×544	641 ×344	975 × 97	485 × 21	378 × 17
705 × 89	526 ×141	526 × 57	891 × 28	373 × 61	710 ×882	956 ×443
317 × 88	506 × 80	739 ×215	338 × 78	286 × 33	784 ×963	870 ×931

Time: ____________ Score: ____________

363 × 7	185 × 81	262 ×887	208 ×548	966 ×594	705 ×283	728 ×907
937 ×758	363 × 7	516 ×733	445 ×413	621 ×796	412 ×817	617 × 9
131 ×906	630 × 65	975 ×214	267 ×643	119 × 46	182 ×982	581 ×373
180 ×364	292 × 22	856 × 8	792 × 62	963 ×582	560 × 94	553 ×199

Time: ____________ Score: ____________

148 × 22	495 × 985	190 × 980	341 × 574	210 × 174	523 × 521	873 × 89
970 × 8	106 × 62	986 × 87	676 × 413	624 × 86	512 × 389	870 × 31
440 × 135	630 × 997	468 × 866	859 × 263	860 × 42	992 × 950	627 × 653
181 × 776	553 × 34	161 × 6	342 × 6	395 × 731	240 × 351	346 × 372

Time: _____   Score: _____

```
  543        811        777        163        852        661        976
×  80      ×339       ×220       ×   7      ×401       ×619       ×   3
```

```
  706        522        886        583        795        613        745
×  89      ×  93      ×254       ×  86      ×   7      ×   9      ×   4
```

```
  768        480        460        939        163        676        500
×464       ×  66      ×483       ×656       ×  47      ×665       ×651
```

```
  558        554        129        135        610        853        699
×  19      ×  94      ×799       ×845       ×  76      ×  50      ×   3
```

Time: ____________ Score: ____________

313 × 7	307 × 73	521 × 75	149 × 78	515 × 70	862 ×411	482 × 68
853 × 85	269 ×425	979 ×913	432 ×956	225 ×833	538 ×415	901 ×941
479 × 30	409 × 96	415 × 8	880 ×768	555 × 80	132 × 70	225 × 77
349 ×582	634 ×369	612 × 2	108 × 3	699 ×674	588 × 72	239 ×706

Time: ____________ Score: ____________

371 × 98	415 × 51	304 × 76	634 × 83	138 × 243	463 × 510	561 × 617
808 × 2	596 × 82	864 × 963	274 × 86	188 × 84	875 × 205	253 × 13
811 × 8	808 × 471	980 × 9	757 × 2	565 × 608	570 × 533	818 × 622
656 × 38	188 × 752	623 × 221	437 × 733	466 × 75	720 × 758	657 × 98

Time: _____   Score: _____

291 ×228	997 × 34	290 ×573	250 ×565	237 × 31	963 ×468	733 ×645
911 ×801	287 × 68	322 × 49	490 ×304	971 ×926	618 ×367	409 ×378
877 ×619	705 ×422	747 × 84	842 × 16	747 × 33	668 × 91	346 ×706
364 ×881	599 × 90	546 × 4	122 × 91	998 ×974	338 ×482	608 × 2

Time: ______________ Score: ______________

230 ×861	769 ×117	137 × 28	782 × 44	641 × 2	232 ×861	498 ×806
958 ×687	848 ×728	887 ×401	177 ×559	795 ×777	539 × 8	831 ×603
365 ×270	669 ×396	474 × 4	575 ×594	446 ×389	735 ×622	385 ×689
744 ×955	104 ×609	482 ×899	544 × 29	406 × 2	346 × 55	281 × 2

Time: _____   Score: _____

918	458	580	372	111	205	523
×285	× 32	×613	×896	×466	× 23	×956

373	193	674	585	310	859	341
×613	×486	×962	×197	× 7	× 57	× 5

278	217	219	702	737	904	178
× 70	× 6	× 37	× 11	×706	×815	×121

340	837	709	893	717	762	861
× 42	×811	×487	×531	×309	× 3	×705

Time: ______________ Score: ______________

761 × 12	126 × 85	113 ×998	282 × 76	491 ×757	582 × 26	348 × 77
123 × 78	300 × 31	398 ×757	806 × 30	725 × 39	384 ×606	530 ×498
522 ×409	777 ×612	706 × 77	808 × 52	813 ×426	466 ×921	600 ×165
797 ×461	413 × 87	529 ×486	657 × 14	527 × 53	368 × 68	972 ×676

Time: ____________ Score: ____________

704 ×255	720 ×653	684 ×672	823 ×780	973 ×342	137 ×585	300 × 62
427 ×466	341 ×792	622 × 29	471 × 29	490 ×876	787 ×202	789 × 4
511 × 7	687 ×743	590 × 69	929 × 9	261 × 24	618 ×616	769 ×743
507 ×999	483 × 8	765 × 70	971 ×408	614 × 33	387 × 10	443 × 93

Time: ____________ Score: ____________

811 × 541	670 × 75	831 × 34	167 × 42	855 × 21	348 × 38	550 × 217
562 × 86	857 × 34	674 × 115	827 × 31	243 × 594	189 × 727	457 × 20
499 × 6	927 × 344	508 × 4	650 × 6	726 × 762	692 × 152	656 × 56
643 × 412	602 × 72	678 × 59	485 × 500	802 × 53	622 × 546	211 × 767

Time: ____________ Score: ____________

588 × 3	716 × 608	932 × 676	176 × 85	178 × 630	811 × 894	863 × 54
281 × 50	135 × 85	371 × 649	430 × 740	890 × 954	793 × 50	340 × 45
865 × 78	534 × 263	536 × 7	405 × 667	438 × 768	498 × 153	407 × 39
233 × 74	436 × 50	479 × 685	370 × 97	240 × 6	904 × 65	955 × 59

Time: ____________ Score: ____________

775 ×556	552 × 43	532 ×763	328 ×454	438 × 8	936 × 20	770 × 39
667 ×643	110 × 46	905 ×686	606 ×293	436 ×890	996 ×413	254 × 28
450 × 62	631 ×495	614 ×408	563 × 83	440 × 65	113 × 16	968 × 67
768 × 71	568 × 48	820 × 39	724 ×595	471 ×692	686 × 36	813 × 72

Time: ____________ Score: ____________

451 × 33	654 × 4	196 ×748	755 × 96	956 × 2	736 ×102	785 ×200
109 × 73	842 ×520	420 × 7	318 × 52	835 ×219	386 × 51	173 × 82
345 ×438	504 × 75	180 × 18	908 × 34	978 ×559	567 ×332	589 × 68
860 ×949	426 ×946	538 × 23	254 ×559	780 × 88	320 × 84	795 × 22

Time: ____________ Score: ____________

148 ×269	216 ×736	645 × 17	253 ×679	706 ×989	619 × 42	433 ×346
822 ×466	593 ×831	718 ×544	641 ×344	975 × 97	485 × 21	378 × 17
705 × 89	526 ×141	526 × 57	891 × 28	373 × 61	710 ×882	956 ×443
317 × 88	506 × 80	739 ×215	338 × 78	286 × 33	784 ×963	870 ×931

Time: ____________ Score: ____________

363 × 7	185 × 81	262 × 887	208 × 548	966 × 594	705 × 283	728 × 907
937 × 758	363 × 7	516 × 733	445 × 413	621 × 796	412 × 817	617 × 9
131 × 906	630 × 65	975 × 214	267 × 643	119 × 46	182 × 982	581 × 373
180 × 364	292 × 22	856 × 8	792 × 62	963 × 582	560 × 94	553 × 199

Answer Key

Part 1

Page 6

0	36	0	0	0	0	9	32	0
21	0	16	0	0	18	9	24	42
27	27	36	49	49	0	72	20	54
40	63	28	12	32	0	3	24	21
0	20	0	45	4	18	12	16	0
4	45	27	10	0	9	21	18	2
18	7	3	72	0	48	21	20	9
49	0	0	3	36	56	18	64	0
15	49	0	14	40	0	48	10	56

Page 7

24	56	56	18	10	27	81	10	14
7	24	72	18	0	0	2	0	0
32	2	6	24	20	14	64	32	0
9	54	63	81	18	6	42	16	24
4	0	6	18	4	72	40	40	12
2	18	64	63	54	5	6	0	1
7	63	54	54	42	64	14	18	0
45	0	49	32	0	18	0	3	0
0	0	25	0	20	0	9	40	6

Page 8

24	40	0	25	9	24	12	0	18
16	14	40	8	81	81	18	28	48
14	15	18	24	24	72	32	30	0
64	35	0	0	35	56	2	18	0
56	12	54	56	7	6	14	72	32
49	21	12	12	21	1	30	28	4
8	0	4	18	12	16	35	9	18
36	0	48	36	42	63	5	27	0
54	4	5	30	36	8	2	28	0

Page 9

0	0	54	12	45	16	15	6	40
10	0	14	45	63	6	18	18	54
36	2	2	40	7	42	35	20	12
12	36	4	0	6	0	9	18	30
0	4	36	25	0	0	0	0	0
0	24	18	0	0	72	0	6	0
32	21	0	25	56	0	6	6	24
2	0	27	7	8	8	12	36	27
54	72	28	2	0	35	15	0	40

Page 10

35	0	18	2	42	45	49	3	64
72	4	18	42	0	12	2	14	32
2	0	0	18	30	0	16	18	15
8	8	6	12	32	14	28	9	35
12	0	0	9	16	56	48	56	32
0	5	0	14	49	49	30	5	0
45	10	0	36	4	36	0	0	6
30	35	0	27	0	36	25	18	6
28	6	32	18	30	0	1	3	21

Page 11

20	0	40	32	8	2	56	49	8
35	0	3	63	14	45	27	15	28
12	18	20	0	0	12	24	0	0
14	12	72	0	0	9	45	0	0
9	30	36	6	30	36	3	12	18
40	18	35	12	9	72	30	3	12
0	3	0	0	27	6	0	45	40
8	0	8	21	15	18	28	63	4
0	24	3	3	27	8	48	2	18

Page 12

18	0	0	24	7	3	0	24	81
27	5	36	20	28	10	20	0	49
0	2	0	0	0	27	42	42	72
7	3	7	35	0	2	0	63	0
24	0	0	0	0	48	4	5	2
72	0	35	40	0	5	3	63	18
56	49	36	5	42	72	3	36	14
24	64	35	18	0	0	25	0	0
4	4	12	18	72	16	18	8	0

Page 13

9	0	45	12	64	16	8	20	20
12	40	0	27	63	0	6	10	36
5	63	0	15	12	9	5	8	48
0	42	4	12	63	18	16	12	25
63	27	0	7	81	64	48	28	64
0	0	63	72	20	0	35	0	0
0	30	6	0	20	20	42	25	72
18	64	4	48	81	7	24	12	12
0	14	0	72	8	10	0	2	4

145

Page 14

27	24	7	5	1	0	0	45	48
8	6	64	3	8	6	8	18	0
72	0	36	54	4	16	45	18	18
42	5	15	35	4	0	8	6	4
15	21	2	63	3	72	12	20	30
0	36	0	72	9	81	7	18	42
0	6	0	24	6	12	56	9	36
45	0	8	48	24	0	64	0	15
0	56	6	24	72	48	14	0	4

Page 15

21	48	56	48	28	0	6	30	36
0	10	63	0	4	35	4	56	8
28	18	32	36	14	30	15	10	12
24	24	16	24	32	40	0	20	42
18	21	15	45	56	54	0	0	6
0	42	28	48	2	45	7	36	2
81	30	9	24	10	8	32	7	0
27	0	4	24	4	12	0	0	30
36	10	2	64	24	30	20	40	27

Page 16

14	0	25	30	9	8	42	28	18
6	12	9	0	0	1	36	9	6
35	12	42	0	8	12	0	6	6
0	32	0	16	0	54	63	27	56
48	36	36	36	72	24	24	18	20
9	63	72	81	12	6	54	16	15
10	36	72	14	18	2	5	0	16
0	2	4	0	9	3	8	72	21
0	0	16	0	40	10	12	32	0

Page 17

8	12	4	2	0	21	1	10	24
0	7	54	27	0	0	9	21	12
16	15	16	0	15	7	7	9	56
32	15	56	18	7	27	12	63	2
27	48	72	24	48	0	0	0	12
0	4	10	56	0	32	14	4	3
12	36	7	63	45	0	9	20	63
10	0	0	18	36	35	54	16	0
9	6	8	54	0	25	6	0	0

Page 18

45	0	45	0	63	45	36	0	5
12	12	40	15	2	36	56	40	0
3	24	30	2	32	49	36	36	36
2	54	7	20	27	40	6	0	2
45	7	16	8	0	24	42	48	8
6	6	8	6	54	7	40	0	4
12	20	9	16	30	21	0	18	12
72	3	8	0	2	48	30	16	21
7	48	1	1	63	4	54	6	6

Page 19

35	15	56	0	4	4	20	27	30
7	24	63	45	2	0	32	10	0
4	6	0	3	18	0	63	48	56
0	0	3	48	42	24	48	24	18
0	8	48	21	0	8	0	18	7
24	35	1	8	0	28	8	6	42
7	12	9	27	20	32	32	21	35
24	49	16	42	12	63	45	0	36
6	32	24	12	0	8	4	54	54

Page 20

48	6	42	48	48	63	81	0	45
8	15	24	12	35	4	8	8	64
49	7	0	0	36	35	15	54	0
3	5	30	42	28	45	0	56	12
81	15	2	6	0	36	63	24	14
16	0	3	16	2	12	25	5	8
16	12	0	8	2	40	0	18	4
0	45	18	0	18	0	48	42	0
12	30	27	10	36	15	20	28	12

Page 21

40	4	42	0	12	45	54	0	32
0	35	56	16	8	12	0	24	54
18	56	45	28	8	3	16	28	9
0	18	48	21	28	0	6	3	21
9	16	54	6	9	0	24	54	5
56	25	3	32	14	24	0	72	1
28	18	48	0	32	36	45	6	72
45	3	6	3	25	28	45	15	8
9	0	0	18	42	6	20	32	9

Page 22

42	20	54	18	14	6	12	12	0
9	49	36	0	7	0	42	0	14
64	12	0	4	32	7	3	0	16
16	12	28	0	0	4	81	25	14
5	48	81	27	36	2	8	35	8
4	56	2	0	1	42	12	0	36
36	45	6	24	16	28	30	48	24
54	18	27	12	3	0	12	32	0
8	40	8	6	30	48	54	6	8

Page 23

8	49	9	6	14	4	42	72	63
0	0	14	5	8	20	81	30	10
30	72	63	0	28	49	15	15	42
15	35	0	0	40	12	45	1	30
0	0	54	25	0	12	8	8	0
21	45	25	15	45	5	0	4	45
5	18	35	9	0	20	16	72	0
0	45	24	36	15	8	20	24	8
24	0	54	32	64	5	8	27	63

Page 24

45	0	42	20	0	0	0	15	56
9	4	24	16	49	18	42	0	0
48	18	45	0	6	24	4	72	5
5	56	0	0	63	0	63	16	18
32	36	48	0	24	30	28	30	2
10	0	49	0	40	14	16	24	0
0	12	14	8	0	7	12	48	18
4	48	8	9	27	45	18	9	40
28	24	81	16	6	36	0	56	63

Page 25

15	0	24	4	14	25	30	10	0
0	6	30	5	6	54	12	27	16
4	35	8	0	4	36	40	35	0
20	64	45	4	0	24	48	1	0
0	49	20	0	56	0	45	25	20
63	30	12	0	35	9	24	28	7
48	42	18	16	9	6	12	5	30
1	18	20	49	54	42	6	12	16
28	18	72	30	6	24	56	30	24

Page 26

21	64	0	28	12	18	12	12	48
5	32	0	0	81	81	10	20	0
8	56	0	0	14	3	0	0	48
28	63	42	40	48	24	0	35	35
0	56	40	18	6	21	0	10	35
18	21	30	27	42	63	0	20	64
16	6	0	8	10	0	56	6	3
0	4	21	0	6	30	0	25	9
0	0	0	16	6	36	36	28	28

Page 27

0	16	72	10	12	0	0	5	32
72	15	63	18	12	40	35	63	4
48	32	36	81	2	7	16	27	8
64	30	0	0	48	0	3	63	18
0	81	16	12	0	24	27	54	36
0	63	16	24	2	2	16	25	18
0	18	20	45	0	15	16	16	63
24	0	14	24	24	5	14	72	18
21	0	45	63	0	10	0	18	24

Page 28

24	1	0	8	12	4	0	0	27
0	42	5	42	9	0	2	4	25
56	56	12	10	4	0	35	24	35
6	0	20	15	0	0	0	9	45
2	28	3	24	0	42	18	18	0
7	9	18	36	16	0	12	42	12
0	54	20	63	0	0	24	3	27
81	0	54	25	8	2	0	28	30
27	20	54	0	14	18	42	4	3

Page 29

0	14	14	36	18	16	32	12	28
18	0	21	45	28	63	18	16	36
2	30	0	30	16	6	0	3	4
0	54	28	0	15	0	18	54	5
25	32	14	45	0	30	16	36	1
0	5	0	56	9	0	56	9	8
42	10	15	35	6	16	0	0	24
0	54	12	2	21	0	30	0	35
6	8	12	45	0	2	14	1	24

Page 30

14	0	81	24	20	9	1	20	8
0	24	2	0	54	14	5	36	0
25	48	12	0	36	0	0	10	0
24	40	8	14	0	28	15	15	27
24	0	32	72	56	0	42	81	6
36	45	81	20	0	63	21	15	12
12	30	4	0	0	6	0	14	27
0	0	10	9	28	7	4	14	24
3	12	3	0	0	40	0	0	16

Part 2

Page 31

4131	1080	324	956	7832	1994	1564	2728
816	2322	2040	5502	1600	4626	6160	1010
5640	6102	5625	4045	2080	1184	2096	3440
1330	756	2775	2934	3408	1492	2148	3969
1252	1832	6813	975	2304	1335	1748	5472
4842	1956	1556	622	2220	6146	5832	552
4214	390	4752	324	2058	6223	5768	6400
1278	3748	5868	2520	1932	7830	1350	300
436	1478	3432	1536	2495	3228	6656	345

Page 32

3206	6858	8190	1911	2736	4335	1042	1572
1382	8037	7088	1890	2628	8163	6608	1488
1317	708	5257	6545	4536	7884	3186	1920
6860	5278	1732	3724	1728	828	7092	3498
3890	890	3465	1400	5160	926	2260	3633
2908	2758	7104	5454	4347	8613	1420	5760
4776	3964	2000	8127	3210	324	5400	822
2320	5747	3105	1080	6314	5760	1722	1780
2872	4545	5390	2105	3584	771	3941	852

Page 33

522	1192	3936	2616	2199	2868	2680	5120
5744	7254	2272	348	1950	1470	5697	1960
1130	212	344	5874	3114	3628	2989	5436
3186	2382	4840	1452	1305	6156	3944	604
4416	5173	3720	2178	4356	1440	4655	1143
3537	4116	378	4711	1136	1614	224	420
3125	3101	466	7740	624	350	6960	1050
4088	380	2804	3420	424	3609	1800	1872
3542	4565	8955	3736	392	4656	1908	5104

Page 34

1154	2954	2232	5844	3108	6960	4335	3928
1510	2235	2009	3984	654	910	5664	724
6153	2500	900	2007	4120	2280	2280	4592
4080	795	1225	6432	5504	4510	2154	874
5362	6120	2154	552	5640	1954	4685	4734
8946	1652	4164	840	1966	4239	2376	1588
2409	3848	2772	414	1004	2891	3450	4938
2562	666	5257	1824	5635	1128	7744	5790
5712	4152	4608	2835	244	2154	2517	312

Page 35

5530	7808	404	1628	1190	1648	2592	4975
1428	4980	1036	2754	5985	5064	6111	7320
1272	1935	404	1900	3375	1414	4476	5256
464	1730	4524	2691	4932	1048	1300	836
3987	1705	2556	2646	726	405	3488	1260
516	8280	5538	4571	4116	2352	966	5348
354	1294	406	3824	5614	7659	522	1729
1220	980	1208	1134	4218	1452	6664	6111
1830	718	1934	4680	3388	1854	1897	2676

Page 36

6321	4320	1158	8082	960	2728	6648	4504
2205	816	1264	1043	966	2094	2808	2408
3255	1548	906	5694	3728	3372	2620	3160
2742	810	3115	1124	1365	4158	2367	460
3180	1492	2910	6328	896	1080	3794	2812
2826	3792	8496	930	6750	7072	4781	6688
1722	7218	5586	224	2272	432	4698	1962
640	2868	4710	8235	3609	1375	7443	2436
4599	1876	6736	420	2814	1884	860	1521

Page 37

4765	1664	825	1238	2502	6084	2660	7136
1912	1947	2394	504	1872	4830	2778	2336
5274	2322	3912	3090	4070	1394	3006	1428
4880	1044	3092	7936	2478	4046	1620	670
4370	8514	2920	5600	625	1360	2523	2070
2691	4977	3864	2024	5075	1716	5873	2488
6000	1932	5264	6216	1690	1365	6088	6128
4365	872	1862	4725	2832	6475	531	4644
2240	1640	2214	4240	3570	4332	1689	2296

Page 38

3115	2505	7024	4800	550	5614	5136	2220
5104	6111	1072	1376	826	3890	2097	5580
1764	714	5718	2133	5004	1520	1413	346
860	975	4465	2065	1206	4326	4056	930
4275	4020	3294	3474	2280	3342	5022	2136
3760	2913	1112	2865	1890	738	4905	1636
3048	5192	3960	2212	414	1841	680	868
1086	6440	8325	6034	7794	4167	7640	3056
3360	2970	3143	7596	4870	1944	6471	2500

Page 39

4298	7731	2319	1092	1458	2368	2060	864
3565	1335	4572	3036	2492	2696	7592	2432
3864	562	1089	1089	734	3905	1482	3350
2172	5568	1826	1722	6944	2275	2970	2568
666	2196	2996	6642	3424	5944	5168	4840
2968	975	6531	8028	2856	606	340	2668
548	1884	1560	3912	1544	1191	6507	2274
5928	404	1985	6597	688	1134	2982	4416
2700	1134	418	2595	3205	3558	2328	1306

Page 40

1228	5283	7803	5478	2668	1659	1299	4980
1113	4206	4548	460	1911	4025	1630	5719
3335	4725	1596	1834	2172	5024	1492	892
5096	2645	2613	3536	6528	1971	1095	1565
1561	1824	3390	1240	3060	1935	2072	2863
500	2109	2595	1755	716	5520	2364	3216
5383	693	1463	1014	2151	1206	4902	6759
4880	1611	5517	4344	3785	7209	1906	1078
2916	565	3297	1068	1788	400	6832	7056

Page 41

1612	960	5144	3510	3450	2931	531	5852
798	1576	6120	1596	4676	624	4048	3744
1380	4585	810	1704	5562	4195	3608	4680
3374	2735	2708	6768	1840	4845	2632	3350
686	1540	2422	6664	2664	4770	6258	7896
3780	5892	2808	3335	5376	900	954	6784
1494	504	721	4144	3031	936	1323	3894
4529	5040	1504	2114	3776	1108	604	4275
4980	2254	1216	1016	1056	2172	1716	2104

Page 42

1380	1426	603	5130	4543	1052	618	3752
708	1014	6160	1584	1848	3840	2366	2508
3155	1975	4195	4480	303	5532	4606	3720
3360	7308	1555	1905	3672	5820	4543	5103
2370	1230	2472	2808	1064	6209	5250	1658
1436	2905	2235	6643	2628	930	2634	1674
5352	936	6160	4155	1368	400	1960	5346
2195	4865	2841	8469	2332	1122	1638	3680
3808	2176	2718	590	2114	1925	2430	1604

Page 43

4890	6503	1820	1610	1912	580	6937	4212
304	1904	1438	2541	4490	1050	1425	2400
1205	2576	4495	3339	464	1392	5670	3016
1834	8334	8793	960	5250	2176	2504	987
2874	4648	738	4823	6066	1152	3424	3710
5192	3515	3728	4086	1227	488	2601	1524
1752	1404	1788	5344	3605	1528	2376	2925
3376	1368	5814	6741	896	2800	5589	2855
5898	1860	5328	6678	854	5110	2416	5440

Page 44

4408	1413	7407	1758	1863	3402	1360	5805
2284	2864	1641	1160	2496	3516	3834	1238
660	5589	5184	4740	1956	3125	2556	1104
2052	3120	2872	1712	2208	1401	1794	6435
7032	1854	992	6930	5616	5344	1920	1080
1038	6048	3944	3460	3816	3828	2070	875
2844	5916	462	3510	2142	1809	1952	1064
1629	600	4655	2786	4410	5310	1850	4263
4518	570	2619	5952	5072	2058	1410	339

Page 45

1232	2436	2471	1648	2786	2828	1610	1840
3776	4995	6552	4408	3004	8307	1467	4203
1048	6370	3560	3822	4240	3336	2564	348
522	4088	1862	6748	4599	2510	2366	1848
2700	4730	5370	232	4112	5040	4104	3144
1364	978	1136	2805	1458	252	5646	2865
5496	1960	5215	2868	6153	1792	6090	2970
2523	1620	4194	4284	714	2935	4902	5728
2604	2685	2406	7974	2724	3340	4440	3460

Page 46

2968	568	1920	3321	4991	5736	2070	596
2160	8244	3145	334	7192	1934	1635	1240
292	5208	6376	5404	4039	3532	5106	4768
944	5004	2823	3072	744	4524	2816	3936
6664	6642	3888	7704	1572	256	2772	208
3568	808	492	3740	716	4146	1494	2135
4725	1448	2658	4851	4775	3715	472	7578
1440	1016	798	4128	3964	7744	3400	4980
4688	876	5456	4920	2766	1936	1424	1840

Page 47

5298	630	1113	1224	1519	3844	7911	3584
744	4440	8442	4990	1548	2475	1392	906
2994	2856	576	2960	1142	2472	1551	7864
1738	2499	5082	1144	3159	3500	882	4986
1884	1902	3800	3520	1422	1346	950	1390
1092	3825	2800	1824	2668	1120	1760	3432
7224	2303	1455	1734	5211	4744	1296	3216
1120	1022	4023	5922	1475	898	1444	5408
3860	756	693	2757	5200	976	3045	2064

Page 48

1089	2802	1618	1566	2658	3474	1840	6573
2424	939	1376	4361	5832	5868	1168	2754
2952	980	1504	2480	6993	2695	3584	3720
3825	3272	4675	6790	3724	4858	1470	1644
3460	2124	2436	1345	7110	3855	990	1902
2727	1626	4472	2328	1904	3870	2555	774
3354	636	3220	590	2679	2682	4050	2568
2235	2460	266	3540	1170	2030	1188	1620
1142	4530	1414	2728	1880	660	1622	3227

Page 49

3132	8577	2075	2070	1614	1652	1190	699
2088	2448	1827	632	5292	2352	960	508
1134	992	3042	1536	4458	4050	2310	3876
742	4530	7656	840	6111	1393	2910	8460
3492	6923	2948	2112	2964	924	660	1268
668	4865	4092	2328	1624	1848	2037	3375
2490	1070	880	4936	4452	2472	2870	1425
1452	6503	2080	3666	582	1464	1556	4179
3222	3424	2265	3745	927	764	3508	5031

Page 50

1724	465	3208	648	964	4866	1170	1648
1881	3188	6912	2535	2712	2429	4797	2064
1026	1880	2704	6968	204	2705	6632	3990
1272	3950	2562	980	612	1488	5418	2639
2826	4963	3305	1350	2908	1842	2313	4580
2292	1624	5215	321	3420	1647	2916	4428
3330	4014	1608	5226	3505	620	1622	372
1656	840	699	4032	1770	1960	1960	7578
4221	1200	2385	777	1155	6504	750	2751

Page 51

7896	1755	1856	3472	578	488	258	1017
1056	3354	5456	2259	2142	514	1053	5700
4180	4880	4926	3084	6354	4555	4648	4374
3126	3204	1536	992	3388	2320	4995	3165
4664	2850	444	3060	1080	5148	1816	2260
4980	4632	5136	2052	837	4515	1668	3228
1154	3780	4840	2805	1896	5152	6039	6552
2696	2460	7875	2181	1556	2210	4837	7254
1596	1296	1105	3913	3660	6279	2073	3374

Page 52

3560	834	990	4311	2100	4945	900	3804
2640	7072	1668	1758	4697	6216	3284	5474
1902	7384	1498	4711	6824	489	8613	1242
1680	1010	1916	2168	784	1366	1302	1274
6704	1720	2708	1610	2100	436	5250	1428
4428	1356	3360	1448	3122	1766	5789	4464
1768	5369	3252	6128	7371	1664	5418	2169
2228	6606	1232	4080	2191	3755	1835	5760
3753	816	918	2048	8154	1029	1380	7040

Page 53

8595	999	6489	4685	2142	7808	1640	2628
632	2673	1966	2820	1544	8271	1868	4655
1884	4098	1211	927	3648	4208	2343	1120
1110	1348	1659	834	478	3424	2505	1840
1416	2272	5922	7600	3024	3120	2838	3448
1848	4596	1029	1365	2925	1584	580	794
4344	6976	4025	2904	1254	3724	2420	2118
1110	1800	3915	2015	7164	3485	8811	1044
4942	4944	2736	5215	2121	4698	3944	1043

Page 54

1636	1352	2874	2319	526	2816	1330	1250
2574	1854	465	2238	3950	3985	1653	4571
5076	4968	2322	306	5176	1372	885	5264
8280	1608	1840	1844	6615	798	4041	1275
2379	3596	1356	3840	3392	2632	5312	1165
1025	8667	3234	2596	1884	6608	3824	3292
3375	1204	2748	7569	3120	1526	5726	732
2499	6669	5445	3480	1300	4746	402	5488
4904	488	1521	1290	1708	915	4635	1516

Page 55

7956	3690	1713	1920	1326	3720	426	2646
2009	2016	750	7368	6152	2649	884	2184
2665	1071	4416	2656	846	4140	5775	4067
1050	700	1844	1470	1888	4780	840	4312
3969	3024	1365	2646	6480	1770	1748	1806
3770	494	2712	1074	7872	1170	4356	7056
1562	6706	612	2592	5148	3123	3132	448
1092	6328	828	3344	4744	2728	1408	3376
386	7569	1878	2588	6258	1358	6282	4632

Part 3

Page 56

450	4968	1131	510	403	846	1843	4018	990
3354	360	2856	100	1079	2470	1720	3692	5538
3880	3880	4743	6160	6561	700	7708	2867	6365
5146	7920	4320	1927	4680	1232	1170	3485	3311
442	2912	481	5390	1377	3168	2226	2465	1110

Page 57

1155	5187	4004	2170	140	1710	3075	3102	832
2576	1600	1144	8004	1122	5644	3040	2880	1843
5621	300	496	925	4290	6438	2880	7221	351
2280	5929	228	2844	5104	290	6120	2016	6776
3528	6776	6880	3024	1682	3720	9215	2079	2418

Page 58

2079	3536	8091	2948	1020	270	588	559	876
4250	782	1368	3381	2805	2880	7470	4316	242
1935	6696	7524	8463	3136	1863	5372	2706	3784
1352	1488	1716	3036	1020	8811	5104	4730	1887
638	2813	8100	7144	6231	1320	1505	364	598

Page 59

1575	7425	6696	6208	5254	7743	2695	3003	1248
5586	847	5625	4472	252	3255	798	1012	656
1014	1472	3596	1001	2832	704	1634	5310	1365
3698	5146	598	3528	1849	3570	2160	429	2613
2816	2754	5340	1392	8372	8835	2744	4000	6264

Page 60

2212	2583	3465	3350	3256	8910	4770	4095	224
7830	4851	410	319	4680	6068	816	3384	1152
7020	2070	6208	6278	1463	1575	2765	8439	4590
6006	3000	2100	1938	3375	600	4032	3675	784
2314	1131	957	2535	2112	2784	4015	2093	2911

Page 61

5088	954	5312	4615	5508	7360	1456	3744	255
6305	960	1320	4410	4550	2016	792	3680	190
1224	1034	6208	2295	5152	3060	2478	1608	5040
2100	1504	2449	5820	7426	1404	2881	2760	6596
4508	704	570	4895	1580	5037	4650	2806	2232

Page 62

2016	4420	1152	1209	1540	1080	1482	3220	3886
1068	812	4757	3472	476	1440	847	304	336
1116	3834	2948	414	730	8084	200	1872	204
4263	2849	952	3538	6600	247	1680	1462	3570
588	847	3840	1738	1992	1886	2100	4488	4004

Page 63

7029	8004	3726	646	312	4543	2835	308	5481
4617	1494	2982	756	5304	5917	6237	1053	7308
7912	1300	3234	5175	720	2068	560	2409	4116
608	860	630	2820	4340	720	2784	2760	2480
1530	1537	1716	1887	4420	2280	3952	2090	4503

Page 64

1989	1360	735	2208	2597	6960	6052	6622	4140
781	1368	473	2432	5698	6080	3905	1560	429
5546	2135	1164	4278	1326	4992	1188	1288	1476
3933	4914	826	4018	704	4324	3363	3010	1326
4320	1452	3984	2730	4248	286	550	1118	3075

Page 65

2679	590	4920	4080	2160	660	6600	5776	1870
4800	1104	999	7584	2916	5568	3515	2408	4029
1887	2880	2800	972	330	2275	3652	459	165
2212	2272	8245	460	663	1640	5546	918	1312
1677	3520	4752	1518	3840	5247	925	2214	2970

Page 66

4930	2829	4914	2278	2375	7644	4095	820	2052
710	1014	1330	518	3960	1330	1332	5952	5394
1886	552	1598	3375	2640	2668	4104	7371	1040
320	3382	860	924	4032	1768	5865	720	2871
3492	455	286	3612	1694	1092	1164	3520	8832

Page 67

3588	1176	4680	2726	3869	2088	2784	198	5624
544	660	1024	220	649	3990	5520	5025	7990
1976	840	1824	4636	1440	840	615	7426	1072
3780	715	792	1615	1036	5963	840	1400	665
7872	990	4680	5292	697	1525	1134	7326	2508

Page 68

6750	5621	4704	1045	4736	8366	741	5194	2652
3486	7056	4312	2904	686	680	3717	225	938
896	1144	2208	2852	8277	2550	2470	1764	1547
1800	756	5546	2024	7482	2856	1664	3087	2898
2250	5456	640	4136	7350	560	1305	1680	4324

Page 69

1638	6992	374	2835	2385	1406	1450	1734	6030
1068	4964	1008	2106	7448	2800	2350	2304	3906
6862	4095	900	1950	8736	7744	5576	3626	7221
408	781	7600	7719	3074	187	4256	396	430
780	3770	1495	624	2832	2961	5460	3304	8190

Page 70

2880	7650	1404	5904	8930	1863	3120	2077	1886
1428	2496	350	8091	1643	1953	336	748	1100
3990	3128	1560	1593	621	976	486	5643	5963
1590	1496	7565	897	2050	1728	1802	2924	512
8184	464	4899	5888	1300	2465	5452	2852	2508

Page 71

5135	1281	2745	5022	1122	897	1450	1430	1190
2623	3042	884	7161	936	8613	2091	2832	3819
1188	4794	495	8352	1677	8836	1679	2769	5460
468	1575	1360	3780	1230	2176	7120	2646	4757
5390	1332	2100	6048	3366	1275	6972	923	2604

Page 72

825	6723	1863	2990	7462	5984	2508	702	1296
2888	5822	6308	5916	3975	559	1742	4087	4324
980	2268	6716	1224	1300	4774	784	6351	1632
3358	2842	4032	4794	2432	4032	2464	1764	2240
3960	3384	2650	3219	4100	5280	715	2950	5760

Page 73

2624	3354	2310	5985	7047	6432	208	1014	1292
968	5320	4081	6072	875	5890	1463	4508	644
8645	3520	2093	3320	1860	1470	4089	1950	204
4171	500	960	3738	1196	1972	260	1552	4087
4556	2232	713	7225	3551	3752	2970	5490	3724

Page 74

2128	496	3135	3905	2574	2158	5175	3822	2910
1836	2112	2470	1316	143	576	4508	1890	1400
4180	2268	5184	637	1992	2139	1209	1178	1820
728	4272	645	2484	750	6072	7360	4074	6450
5762	5247	4232	4465	8096	3116	3484	2860	2714

Page 75

1936	6734	7980	9409	1886	1536	6745	3060	2294
2074	4488	8415	2772	2660	828	1416	1026	2494
612	816	896	710	1804	1144	1400	8360	3150
350	1314	2838	1410	4980	1980	1920	4116	476
1908	2040	1008	864	297	3510	456	2030	3283

Page 76

936	1760	6072	3367	1032	1290	2574	3000	2112
2303	2301	2635	627	2418	1825	1702	1677	6497
4590	2200	6142	2880	1950	4224	1813	7280	672
3627	5896	8366	3055	5696	420	340	1116	2244
559	1155	1922	6864	1568	4128	2156	969	1014

Page 77

2232	5044	1725	7644	5796	420	1443	2726	6935
1938	182	672	2814	4686	4290	6432	2871	616
1900	1330	2150	6272	867	3540	1305	1148	1170
5978	990	5626	1548	7125	5733	4554	629	1265
2107	2046	5229	2109	570	4480	6600	4872	473

Page 78

1080	3763	4104	864	4230	5913	4554	4968	4690
754	5980	1898	3348	3589	5456	1110	507	748
6174	1760	2756	1827	308	3520	5508	5412	1869
1620	1131	1674	1496	6392	1694	4928	660	1116
2193	3100	2037	2581	3819	2920	372	2730	1960

Page 79

7998	1080	1691	391	684	5865	3776	3150	3080
1824	6177	529	480	6862	924	6461	1260	1280
4698	2257	6675	1067	920	1219	3172	3515	4392
1425	3216	7680	5510	589	1110	4080	1938	572
1269	1470	1054	924	2590	220	7081	6300	7128

Page 80

1360	408	1008	5312	5670	3360	6141	3763	2910
1292	2150	5810	2964	144	1615	748	2772	1672
3234	4350	520	1700	924	3588	1380	1209	4875
2160	2160	1638	3496	3180	4067	4680	3080	4758
3360	6160	2808	5427	1932	6900	5520	1264	4416

Page 81

1312	4524	3216	2210	728	1590	1224	6596	6365
6160	1800	5135	6052	5494	7644	9118	442	5684
1380	2604	3036	2278	4898	870	1457	1421	7308
5772	1560	432	510	4692	4366	2537	6348	910
1144	1464	3904	4864	3700	5544	864	6308	2100

Page 82

9118	2440	891	1140	440	4371	8019	3618	2400
2490	544	1050	2975	714	2052	3135	1176	2236
2890	2278	781	1640	744	5015	1152	3240	1040
490	5796	3162	850	2470	976	6336	5244	1185
1950	3584	3936	1980	4824	2419	3024	4000	2067

Page 83

5146	1134	4864	580	2059	5520	6045	1139	3910
952	5103	7209	2666	1512	1900	585	3145	6208
2752	6586	5320	3713	1700	1080	2580	4134	2418
795	2800	5808	3225	3724	1230	1400	897	3034
1892	2350	6392	1073	2328	900	3870	6175	1593

Page 84

6853	3025	989	4664	2432	3735	731	8091	400
3773	2574	5696	473	4140	4692	5640	1247	8366
5742	1025	1036	1215	3906	3577	5795	2240	2241
1980	715	464	2880	5092	1917	2688	3936	1560
5832	2773	6348	3060	2916	1656	2115	2145	560

Page 85

1881	5550	4416	1425	1533	950	5538	200	2628
7476	2184	1065	868	4316	1680	912	867	2624
3026	2150	3525	414	1620	1156	9118	3080	2475
1508	5848	8648	4074	4982	736	2175	4290	2376
992	6636	704	1330	546	4818	2304	425	4556

Page 86

4690	5978	1176	3655	2788	3404	3776	5893	3780
5952	3298	4365	1920	777	408	1960	4628	1064
1508	5073	1288	1073	4331	5808	6840	1364	1672
1450	5840	2037	1386	2184	1122	4992	8352	6882
432	1260	2835	1612	1760	3078	9408	4130	1736

Page 87

4248	8370	7125	432	3876	5329	2640	2542	5372
2255	4941	1455	1066	5670	1885	6014	546	3584
297	828	6272	3306	666	2556	1566	1870	1232
3239	5952	3364	2352	5170	1159	308	1078	6076
1083	3332	4503	2037	884	3224	2436	8633	1144

Page 88

340	6076	3393	4757	2542	1806	2805	3306	1426
3916	819	7029	4002	7310	1586	2064	4158	7315
5766	1170	5082	2640	544	1134	578	2340	6278
2352	1190	3182	2538	6480	3135	5313	352	876
6035	2640	5978	1455	1890	3471	1196	8184	1500

Page 89

1392	6794	1065	1098	6808	555	7068	2208	2574
4048	4464	5720	592	3149	3960	3750	3575	532
1595	1128	5846	819	5124	2204	2380	3450	330
527	2130	2482	1820	1050	1560	1989	6020	2870
1104	5780	1955	2444	4074	5005	3096	2090	4565

Page 90

3975	3690	8648	2256	1200	4416	533	6776	6916
2420	1040	3780	1166	2618	3190	4032	2196	170
170	1656	3886	1508	1656	6720	1887	4018	2550
990	4788	1909	1170	1104	4794	4984	4880	143
3009	7052	5376	1377	1548	3276	5916	500	624

Page 91

1134	6400	2632	1568	6750	216	5264	3420	3021
7371	4030	1862	1332	4650	2090	3741	3358	1875
6264	4875	3234	2436	2178	1360	2001	1425	3976
529	2976	2668	5913	5824	5680	1036	2176	2597
3920	2910	8096	4148	1440	3071	6438	4270	3612

Page 92

2738	7056	448	3552	2178	3276	2414	2520	6248
1357	4860	462	288	9009	8827	2046	2880	192
2047	6536	1056	702	2184	1056	896	299	5590
3871	7600	5236	4788	6336	3520	1445	4345	4543
583	6557	4980	3384	1782	2964	846	2052	4425

Page 93

3080	2774	4030	3610	5032	6935	640	2880	7565
2808	1160	120	1564	1540	160	6675	1110	780
208	896	3330	765	1302	4278	288	3363	1848
737	1022	936	2816	1632	4623	4370	3431	3626
682	2848	7980	1568	2193	700	1053	1176	4182

Page 94

8316	2318	7776	2856	2070	4980	4640	7440	841
6120	4399	4998	8372	690	1920	2940	3610	1909
7392	3584	465	585	6020	1290	798	7238	3456
1131	9021	3204	1776	1190	3960	4185	6080	5346
1428	6643	2352	2944	875	780	2597	3080	2698

Page 95

1162	3384	3186	5529	240	2318	2754	2492	7742
3268	540	2660	3888	3888	1140	2555	8008	3150
3256	168	5060	7050	848	1767	1520	2624	3696
3243	624	1139	1653	2070	1242	810	1088	3990
640	5180	1620	4818	1710	1078	840	1200	3306

Part 4

			Page 96			
9,476	4,384	1,548	2,448	156,620	50,898	80,154
17,556	848	8,710	22,360	508,369	38,960	90,954
652,050	11,424	512,532	456,968	827,640	436,832	24,804
7,256	38,675	31,878	9,048	7,280	511,784	26,730
			Page 97			
45,815	44,092	19,095	82,992	49,420	3,952	390,100
8,684	73,760	5,200	158,859	559,613	230,949	95,355
116,865	3,328	16,896	487,975	350,610	10,803	297,606
9,264	213,012	2,658	291,924	491,260	388,721	763,795
			Page 98			
20,967	237,864	602,910	25,818	52,836	489,528	70,942
1,364	3,692	52,030	173,558	8,352	35,394	202,575
756,714	1,563	31,464	929,390	917,235	22,425	263,403
366,804	4,192	61,908	90,372	506,880	508,648	28,101
			Page 99			
22,116	265,482	513,588	51,425	9,912	3,614	157,710
722,176	691,803	669,460	70,343	43,361	440,440	88,972
96,416	51,744	33,135	7,120	128,158	100,000	62,790
9,584	38,880	23,361	271,875	10,907	275,616	30,310
			Page 100			
104,751	9,045	263,718	308,224	26,680	858,246	49,150
704,444	178,290	145,728	24,975	872,080	56,889	1,304
556,101	7,770	8,658	447,144	22,560	2,202	544,790
297,126	142,048	34,875	69,165	499,247	590,460	20,400
			Page 101			
28,650	10,896	546,518	13,972	11,674	28,875	254,664
28,884	127,650	374,330	50,986	153,735	529,100	635,947
104,272	1,932	131,000	26,620	639,100	42,756	16,652
1,610	1,452	613,305	25,200	312,800	39,999	138,915
			Page 102			
57,246	51,792	775,304	37,011	20,370	902,944	152,425
4,180	715,105	141,655	462,000	146,598	187,902	16,488
61,299	3,231	34,960	238,915	2,673	211,580	90,000
62,744	1,550	2,560	99,188	47,637	1,890	692,040
			Page 103			
2,600	1,452	380,525	2,250	464,869	11,518	105,270
147,204	3,157	74,400	65,819	20,254	28,900	293,046
661,448	70,875	4,524	146,616	128,698	96,030	149,592
59,143	22,542	423,330	322,364	236,592	482,729	84,420
			Page 104			
70,686	34,122	15,257	28,140	1,930	12,124	187,844
2,800	226,850	166,056	15,022	140,976	32,130	161,175
120,454	763,844	33,745	830	49,131	426,300	691,416
406,692	28,175	6,358	244,776	626,200	146,545	2,408

Page 105

360,510	43,076	240,128	25,056	112,606	5,364	365,638
4,686	46,854	59,708	247,536	23,970	121,212	55,527
50,544	1,788	9,589	20,025	285,723	64,448	119,054
18,040	676,529	64,600	417,186	4,320	651,149	212,132

Page 106

211,310	34,365	35,712	151,403	1,622	19,695	121,825
340	206,784	280,566	1,860	7,011	175,770	83,916
21,615	311,854	39,720	347,328	15,539	54,252	409,614
324,656	327,636	213,696	134,070	22,356	2,856	39,220

Page 107

13,860	76,760	114,296	604,428	9,876	21,667	275,424
40,848	69,433	16,220	4,066	38,399	20,928	21,840
172,059	30,591	12,688	1,062	65,373	5,772	3,916
850,960	221,306	152,670	347,442	193,980	10,494	82,806

Page 108

650	52,960	1,298	255,944	520,443	642,066	16,149
30,552	115,824	33,810	3,320	6,629	300,840	14,916
132,396	132,006	15,904	4,769	127,875	406,203	258,300
45,287	31,376	388,611	585,144	71,736	35,712	705,364

Page 109

20,670	76,908	361,232	658,966	32,389	2,533	89,850
1,106	6,160	167,562	81,969	79,305	190,119	3,276
5,614	324,059	38,541	298,936	15,827	295,275	31,496
14,208	70,950	102,544	8,372	56,870	58,788	3,052

Page 110

205,208	20,178	130,018	231,495	6,279	19,208	30,324
394,764	32,576	226,408	675,648	2,748	242,326	854,025
618,596	430,992	12,070	111,150	485,888	1,068	257,280
504	60,424	153,400	2,625	37,359	398,300	541,496

Page 111

65,160	44,564	680,400	223,002	330,564	12,833	141,052
981	272,064	33,831	5,542	5,016	197,736	53,118
13,754	45,528	18,513	516,350	13,244	291,896	32,144
69,322	36,380	1,293	143,766	206,610	171,455	42,670

Page 112

870,320	20,922	484,340	97,308	325,932	28,951	19,305
7,548	340,605	13,328	369,027	215,004	30,090	325,059
5,985	7,695	422,232	376,257	91,103	561,344	1,985
2,872	137,557	26,496	222,431	666,225	734,084	15,204

Page 113

561,080	81,012	603,911	55,282	94,694	55,890	385,848
622,896	41,310	6,336	312,360	595,690	365,016	9,750
45,091	286,416	53,938	469,469	2,163	311,121	24,534
37,383	135,700	475,709	71,516	183,384	124,764	44,450

Page 114

65,160	25,016	303,770	446,667	3,285	431,838	321,813
186,615	778,601	837,031	1,320	27,462	6,160	375,936
229,362	337,960	75,558	13,020	503,614	58,513	252,456
14,896	22,646	1,510	9,700	15,240	195,344	18,156

Page 115

1,881	110,677	432,692	8,441	460,424	377,210	33,977
88,592	90,277	91,360	707,870	22,078	344,607	241,472
22,737	167,440	16,638	3,312	210,150	14,770	236,592
443,630	10,956	16,698	2,796	27,230	2,810	13,440

Page 116

6,975	332,826	777,771	318,188	669,330	49,496	417,720
76,178	231,246	303,799	32,782	870,960	453,884	99,774
865,324	128,656	231,387	681,884	104,755	22,057	33,972
15,652	4,148	7,776	48,492	10,764	26,885	372,960

Page 117

7,373	16,254	127,974	201,402	33,600	8,347	15,900
19,068	2,662	125,766	11,078	174,735	31,008	530,640
46,376	131,580	201,585	26,796	27,966	121,290	3,444
100,608	103,292	354,710	217,080	464,529	360,446	112,710

Page 118

39,760	19,110	266,660	838,980	41,792	12,572	408
319,770	1,752	104,185	143,532	84,452	56,628	13,442
306,180	124,425	494,856	3,696	17,484	561,172	7,423
18,447	44,484	564,208	318,780	103,368	18,145	180,992

Page 119

502,350	107,758	37,638	26,928	106,812	972,115	173,579
482,724	264,163	41,300	15,221	422,940	17,250	124,608
517,725	3,360	29,039	388,436	12,737	662,840	377,430
652,068	19,175	67,598	23,273	859,068	11,856	4,590

Page 120

799,292	11,713	63,002	45,765	567,036	59,274	13,137
21,060	46,716	72,611	491,274	4,500	27,218	48,791
60,099	41,610	1,260	185,556	256,575	35,778	924
162,541	230,910	69,531	178,533	20,217	17,520	26,348

Page 121

261,630	14,656	355,540	333,312	51,726	4,715	499,988
228,649	93,798	648,388	115,245	2,170	48,963	1,705
19,460	1,302	8,103	7,722	520,322	736,760	21,538
14,280	678,807	345,283	474,183	221,553	2,286	607,005

Page 122

9,132	10,710	112,774	21,432	371,687	15,132	26,796
9,594	9,300	301,286	24,180	28,275	232,704	263,940
213,498	475,524	54,362	42,016	346,338	429,186	99,000
367,417	35,931	257,094	9,198	27,931	25,024	657,072

Page 123

179,520	470,160	459,648	641,940	332,766	80,145	18,600
198,982	270,072	18,038	13,659	429,240	158,974	3,156
3,577	510,441	40,710	8,361	6,264	380,688	571,367
506,493	3,864	53,550	396,168	20,262	3,870	41,199

Page 124

438,751	50,250	28,254	7,014	17,955	13,224	119,350
48,332	29,138	77,510	25,637	144,342	137,403	9,140
2,994	318,888	2,032	3,900	553,212	105,184	36,736
264,916	43,344	40,002	242,500	42,506	339,612	161,837

Page 125

1,764	435,328	630,032	14,960	112,140	725,034	46,602
14,050	11,475	240,779	318,200	849,060	39,650	15,300
67,470	140,442	3,752	270,135	336,384	76,194	15,873
17,242	21,800	328,115	35,890	1,440	58,760	56,345

Page 126

430,900	23,736	405,916	148,912	3,504	18,720	30,030
428,881	5,060	620,830	177,558	388,040	411,348	7,112
27,900	312,345	250,512	46,729	28,600	1,808	64,856
54,528	27,264	31,980	430,780	325,932	24,696	58,536

Page 127

14,883	2,616	146,608	72,480	1,912	75,072	157,000
7,957	437,840	2,940	16,536	182,865	19,686	14,186
151,110	37,800	3,240	30,872	546,702	188,244	40,052
816,140	402,996	12,374	141,986	68,640	26,880	17,490

Page 128

39,812	158,976	10,965	171,787	698,234	25,998	149,818
383,052	492,783	390,592	220,504	94,575	10,185	6,426
62,745	74,166	29,982	24,948	22,753	626,220	423,508
27,896	40,480	158,885	26,364	9,438	754,992	809,970

Page 129

2,541	14,985	232,394	113,984	573,804	199,515	660,296
710,246	2,541	378,228	183,785	494,316	336,604	5,553
118,686	40,950	208,650	171,681	5,474	178,724	216,713
65,520	6,424	6,848	49,104	560,466	52,640	110,047

Page 130

3,256	487,575	186,200	195,734	36,540	272,483	77,697
7,760	6,572	85,782	279,188	53,664	199,168	26,970
59,400	628,110	405,288	225,917	36,120	942,400	409,431
140,456	18,802	966	2,052	288,745	84,240	128,712

Page 131

43,440	274,929	170,940	1,141	341,652	409,159	2,928
62,834	48,546	225,044	50,138	5,565	5,517	2,980
356,352	31,680	222,180	615,984	7,661	449,540	325,500
10,602	52,076	103,071	114,075	46,360	42,650	2,097

Page 132

2,191	22,411	39,075	11,622	36,050	354,282	32,776
72,505	114,325	893,827	412,992	187,425	223,270	847,841
14,370	39,264	3,320	675,840	44,400	9,240	17,325
203,118	233,946	1,224	324	471,126	42,336	168,734

Page 133

36,358	21,165	23,104	52,622	33,534	236,130	346,137
1,616	48,872	832,032	23,564	15,792	179,375	3,289
6,488	380,568	8,820	1,514	343,520	303,810	508,796
24,928	141,376	137,683	320,321	34,950	545,760	64,386

Page 134

66,348	33,898	166,170	141,250	7,347	450,684	472,785
729,711	19,516	15,778	148,960	899,146	226,806	154,602
542,863	297,510	62,748	13,472	24,651	60,788	244,276
320,684	53,910	2,184	11,102	972,052	162,916	1,216

Page 135

198,030	89,973	3,836	34,408	1,282	199,752	401,388
658,146	617,344	355,687	98,943	617,715	4,312	501,093
98,550	264,924	1,896	341,550	173,494	457,170	265,265
710,520	63,336	433,318	15,776	812	19,030	562

Page 136

261,630	14,656	355,540	333,312	51,726	4,715	499,988
228,649	93,798	648,388	115,245	2,170	48,963	1,705
19,460	1,302	8,103	7,722	520,322	736,760	21,538
14,280	678,807	345,283	474,183	221,553	2,286	607,005

Page 137

9,132	10,710	112,774	21,432	371,687	15,132	26,796
9,594	9,300	301,286	24,180	28,275	232,704	263,940
213,498	475,524	54,362	42,016	346,338	429,186	99,000
367,417	35,931	257,094	9,198	27,931	25,024	657,072

Page 138

179,520	470,160	459,648	641,940	332,766	80,145	18,600
198,982	270,072	18,038	13,659	429,240	158,974	3,156
3,577	510,441	40,710	8,361	6,264	380,688	571,367
506,493	3,864	53,550	396,168	20,262	3,870	41,199

Page 139

438,751	50,250	28,254	7,014	17,955	13,224	119,350
48,332	29,138	77,510	25,637	144,342	137,403	9,140
2,994	318,888	2,032	3,900	553,212	105,184	36,736
264,916	43,344	40,002	242,500	42,506	339,612	161,837

Page 140

1,764	435,328	630,032	14,960	112,140	725,034	46,602
14,050	11,475	240,779	318,200	849,060	39,650	15,300
67,470	140,442	3,752	270,135	336,384	76,194	15,873
17,242	21,800	328,115	35,890	1,440	58,760	56,345

Page 141

430,900	23,736	405,916	148,912	3,504	18,720	30,030
428,881	5,060	620,830	177,558	388,040	411,348	7,112
27,900	312,345	250,512	46,729	28,600	1,808	64,856
54,528	27,264	31,980	430,780	325,932	24,696	58,536

Page 142

14,883	2,616	146,608	72,480	1,912	75,072	157,000
7,957	437,840	2,940	16,536	182,865	19,686	14,186
151,110	37,800	3,240	30,872	546,702	188,244	40,052
816,140	402,996	12,374	141,986	68,640	26,880	17,490

Page 143

39,812	158,976	10,965	171,787	698,234	25,998	149,818
383,052	492,783	390,592	220,504	94,575	10,185	6,426
62,745	74,166	29,982	24,948	22,753	626,220	423,508
27,896	40,480	158,885	26,364	9,438	754,992	809,970

Page 144

2,541	14,985	232,394	113,984	573,804	199,515	660,296
710,246	2,541	378,228	183,785	494,316	336,604	5,553
118,686	40,950	208,650	171,681	5,474	178,724	216,713
65,520	6,424	6,848	49,104	560,466	52,640	110,047

Made in the USA
Coppell, TX
15 September 2020

38082668R00092